친절한
판매·서비스
중국어
첫걸음

▪ 하지원 지음

친절한
판매·서비스
중국어 첫걸음

초판인쇄   2019년 4월 15일

지 은 이   하지원
감   수   형예나
펴 낸 이   임승빈
편집책임   정유항, 최지인
조판편집   이승연
교정교열   송영정
디 자 인   다원기획
일러스트   방영경
마 케 팅   염경용, 이동민, 임원영

펴 낸 곳   ECK북스
주   소   서울시 구로구 디지털로 32가길 16, 401 [08393]
대표전화   02-733-9950
팩   스   02-723-7876
홈페이지   www.eckbook.com
이 메 일   eck@eckedu.com
등록번호   제 25100 - 2005 - 000042호
등록일자   2000. 2. 15

I S B N   978-89-92281-79-9
정   가   15,000원

이 도서의 국립중앙도서관 출판예정도서목록(CIP)은 서지정보유통지원시스템 홈페이지(http://seoji.nl.go.kr)와 국가자료공동목록시스템
(http://www.nl.go.kr/kolisnet)에서 이용하실 수 있습니다. (CIP제어번호 : CIP2019013105)

친절한 판매·서비스 중국어 첫걸음

하지원 지음

ECK Books

저자의말

중국의 사드 보복 조치 '금한령(禁韓令)'으로 인해 급감했던 중국인 관광객이 2018년에는 480만 명에 달했고, 2019년에는 사드 이전 수준으로 회복될 전망이라고 합니다. 관광·서비스 산업 분야 전반에서 중국인 관광객의 지속적인 유치를 위해 중국인 관광객 맞춤형 콘텐츠와 서비스를 꾸준히 개발·보급하고 있습니다. 이에 따라 관광·서비스 산업 현장에서 중국어가 필수 언어로 자리매김하게 되었고, 중국어 인재가 환영 받고 있습니다. 시대의 흐름에 발맞춰 판매·서비스 중국어 학습의 노하우를 전달해 드리고 자 ≪친절한 판매·서비스 중국어 첫걸음≫을 기획·출판하게 되었습니다.

≪친절한 판매·서비스 중국어 첫걸음≫은 판매·서비스 분야에 종사하고 있거나 취업을 앞둔 중국어 왕초보 학습자를 위한 교재입니다. 〈중국어 기초상식〉 부분에서는 중국어 기초상식을 포함하여 중국어 발음, 중국어 어순에 대해 알기 쉽게 설명해 두었습니다. 〈회화〉 부분에는 중국 고객의 매장 방문부터 구매, 사후 관리까지의 판매·서비스 과정을 실용적인 대화문으로 만들어 실었습니다. 중국 고객 응대 시 꼭 필요한 기초 회화와 문법 사항을 난이도에 따라 구성하였기 때문에 별도의 중국어 회화 교재가 필요 없습니다. 더불어 판매·서비스 현장에서 자주 쓰이는 필수 180문장을 부록에 담아 학습자들이 간편하고 유용하게 학습할 수 있도록 하였습니다.

≪친절한 판매·서비스 중국어 첫걸음≫은 판매·서비스 회화와 어휘를 담고 있기 때문에 판매·서비스 업종(백화점/면세점/식음료/호텔/관광)에 종사하는 분들이나 호텔·관광서비스 관련 학과 학생들의 교재로 적당합니다. 오감(五感)을 이용해 본 교재를 학습해 보시길 권해 드립니다. 〈생생 회화〉를 학습하기 전에 그림과 〈쏙쏙 듣기〉를 통해 내용을 짐작해 보세요. 그리고 나서 원어민의 녹음을 큰 소리로 따라 읽으며 〈생생 회화〉를 학습해 보세요. 이와 같은 쉐도잉 연습법을 통해 중국어를 유창하게 구사할 수 있을 뿐 아니라 중국어에 대한 자신감도 생기게 될 것입니다.

≪친절한 판매·서비스 중국어 첫걸음≫이 쉽고 재미있는 중국어 학습법을 친절하게 제시해 드리겠습니다.

"欢迎来到汉语世界!"·"중국어 세상에 오신 것을 환영합니다!"

저자 하지원

추 천 사

감수자 형예나

前 기업체 중국어 강사
부루벨코리아 면세 마케팅팀 차장
現 샤넬 패션디비전 트레이닝 매니저

다년간의 중국어 교육 경험을 기반으로 해외 면세 산업에 종사하고 있는 사람으로서, 업무상 느끼는 가장 어려운 점 중 하나는 우리가 일반적으로 받고 있는 중국어 교육이 HSK나 학업에 관련된 부분에만 치우쳐 있어서 실제 업무에서 활용하기에는 턱없이 부족하다는 점입니다. 이는 실제로 중국어뿐만 아니라 모든 외국어 교육 현장에서 공통적으로 느끼는 부분으로서, 각 분야에서 사용되는 전문적인 용어와 대응 패턴 등에 대한 경험 없이는 해당 분야에 적합한 교육이 제대로 이루어지기 어렵습니다. 《친절한 판매·서비스 중국어 첫걸음》은 이러한 괴리와 틈새를 간결하면서도 체계적으로 메꾸어 주는 역할을 할 것으로 기대하고 있습니다. 이 책의 모든 내용은 실제 판매 현장에서 사용되는 판매 중국어에 기초하고 있으며, 내용 역시 간단한 내용부터 고급 전략 구사까지 원스톱으로 습득할 수 있도록 구성되어 있습니다. 또한 저자는 판매 중국어에 대한 경험은 물론이고 일반적인 중국어에 대한 경험도 매우 풍부하기에, 이 책으로 학습하는 여러분은 최단 시간 내에 원하는 결과를 얻을 수 있을 것이라고 확신하며 이 책을 추천해 드립니다.

■ 판매·서비스 업종 종사자, 호텔관광학 전공자들을 위한 필독 중국어 교재!

■ 철저한 실전 대비 학습!

이 책의 구성과 특징

STEP 1

쏙쏙 듣기

회화 내용을 바탕으로 한 듣기 문제로 회화 학습 전에 활용할 수 있습니다. 새 단어를 학습한 뒤에 회화를 듣고 문제를 먼저 풀어 보는 것을 권합니다.

STEP 2

생생 회화

중국 고객의 매장 방문부터 구매, 사후 관리까지의 모든 과정을 나누어 실용적인 대화문을 실었습니다. 실제 상황에 적합하게 구성하여 업종별 현장에서 활용할 수 있도록 하였습니다.

STEP 3

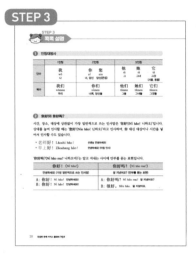

콕콕 설명

생생 회화 속의 핵심 문법 사항들을 설명합니다. 나아가 학습한 문법을 실제 상황에서 용이하게 적용해 볼 수 있도록 자주 사용하는 예문을 실었습니다.

STEP 7

회화 완전 정복

마무리 연습 문제를 통하여 각 과의 학습내용의 이해도를 문제를 풀며 확인합니다. 듣기, 쓰기, 읽기, 말하기 등 통합적인 연습이 가능합니다.

알아두면 쓸데있는 중국 잡학지식

판매 상황과 중국 현지 생활에 도움이 될 수 있는 최신 정보를 실었습니다. 중국 문화에 대한 다양한 에피소드를 읽으며 중국 문화를 이해하는 폭을 넓히고, 재미와 학습 효율을 높일 수 있습니다.

STEP 4

쭉쭉 더하기

사진을 보고 녹음을 들으며 판매·서비스 현장(백화점/면세점/식당/호텔)에서 쓰이는 어휘를 보충 학습할 수 있도록 구성하였습니다.

STEP 5

싹싹 연습

생생 회화의 주요 표현과 문법 사항을 패턴화해서 연습합니다. 판매·서비스 상황과 부합하는 예문을 통해 패턴을 익히도록 하였습니다.

STEP 6

실전 상황 연습

해당 과와 관련된 판매·서비스 어휘를 추가 학습하고, 빈칸이 들어간 대화문을 제시하여 실전 상황에 대비해 연습할 수 있도록 구성하였습니다.

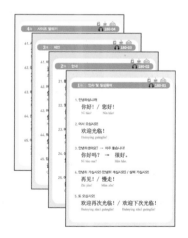

부록

판매·서비스 필수 180문장

카드를 보며 필수 문장을 빠르고 쉽게 읽으며 학습해 보세요. 판매·서비스 현장에서 자주 쓰이는 필수 180문장을 뽑아 실었습니다. 잘라서 쓸 수 있어 틈틈이 카드를 꺼내 넘겨 보며 자연스럽게 익힐 수 있습니다.

MP3 다운로드 방법

MP3 파일을 무료로 다운로드할 수 있습니다. QR코드를 찍으면 다운로드 페이지로 이동합니다.

* http://www.eckbook.com에서 MP3 파일을 무료로 다운로드할 수 있습니다.
* MP3 파일은 회원가입/로그인 후 다운로드할 수 있습니다.

CONTENTS

부록

판매·서비스 필수 180문장

중국어 기초상식

중국어란?

① 한어와 보통화

중국에서는 중국어를 '한어(汉语 Hànyǔ)'라고 합니다. 이는 중국 인구의 90% 이상을 차지하는 한족(汉族)의 언어라는 뜻입니다. 중국은 방언의 차이가 심해서 국민들 간에 의사소통이 안 되는 경우가 많습니다. 이를 해결하기 위해 중국 정부가 제정한 표준어가 보통화(普通话 pǔtōnghuà)[1]입니다. 보통화를 사용하면 중국 어느 지역에서나 통합니다. 단, 보통화를 구사하지 못하는 중국인도 있기 때문에 14억이 넘는 모든 중국인과 의사소통이 가능한 것은 아닙니다.[2]

② 간화자와 번체자

현재 중국에서는 한자의 필획을 줄여놓은 간화자(简化字)[3]를 사용하고 있습니다. 반면 한국, 홍콩, 대만에서는 간체자 정리를 하기 전의 한자인 번체자(繁体字)를 사용하고 있습니다. 한자의 90% 이상은 음(音) 부분과 뜻(义) 부분으로 이루어진 형성자(形声字)입니다. 일반적으로 한자의 부수(部首)로 그 한자의 뜻(义)을 유추할 수 있고, 부수 나머지 부분으로 음(音)을 유추할 수 있습니다. 이러한 한자 구조를 이해하면 한자를 보다 쉽고 빠르게 익힐 수 있습니다.

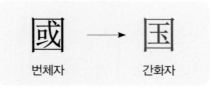

번체자   간화자

③ 한어병음

한자는 뜻글자여서 발음을 나타낼 수 없습니다. 따라서 라틴 자모를 사용해 발음을 표기하는데 이를 한어병음(汉语拼音 Hànyǔ pīnyīn)이라고 합니다. 한어병음은 라틴 자모를 사용해 표기하지만 영어를 읽는 방법과는 차이가 있습니다. 중국인들은 초등학교(小学) 입학 전후에 병음을 한자와 함께 익힙니다. 또 컴퓨터나 핸드폰에 한자를 입력할 때, 사전에서 단어를 찾을 때도 병음을 이용합니다. 따라서 중국어 학습을 위해서는 병음 읽는 법을 익혀야 합니다.

---

1. 1956년 베이징어의 발음을 기준으로, 북방 방언을 기초 방언으로, 모범적인 현대문학작품을 문법 표준으로 정한 것입니다.
2. 중국은 공식 교육을 통해 보통화를 보급하고 있으며, 2018년 기준 보통화 보급률은 75% 정도입니다.
3. 중화인민공화국 수립 이후 문맹퇴치를 위해 1956년 〈한자간화방안(汉字简化方案)〉을 공포하였고, 2,236자의 한자를 간화(简化)하는 작업을 진행하였습니다.

❶ 중국어 음절 구조

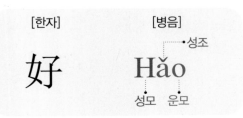

[한자]　　　　[병음]

•성조

好　　　　Hǎo

성모　운모

중국어의 음절은 한국어의 자음과 비슷한 성모(声母), 모음과 비슷한 운모(韵母), 그리고 중국어를 노래처럼 만들어 주는 성조(声调)로 이루어져 있습니다.

❷ 성조

(1) 중국어의 4성

중국어는 글자마다 고유의 높낮이가 있으며 이를 성조(声调)라고 합니다. 중국어의 표준어에는 모두 4개의 성조가 있고, 같은 발음이라도 성조에 따라 뜻이 달라집니다.

mā	má	mǎ	mà
妈 엄마	麻 삼, 마	马 말	骂 혼내다, 욕하다

🎧 00-1

제1성 ā	5⇒5	동요 '산토끼'의 첫 음 '산~' 정도 높이의 음으로 높고 길고 평평하게 발음합니다.
제2성 á	3⇒5	"왜?"라고 물어보는 느낌으로, 중간 음에서 높은 음으로 단숨에 확 끌어당겨 발음합니다.
제3성 ǎ	2⇒1⇒4	깊은 깨달음을 얻었을 때, "아~"하는 느낌으로, 약간 낮은 음에서 아주 낮은 음까지 내려갔다 살짝 올려주며 발음합니다
제4성 à	5⇒1	태권도 기합을 힘차게 넣는 느낌으로, 제1성보다 높은 음에서 낮은 음으로 뚝 떨어뜨리며 발음합니다.

* 성조 표기 규칙

첫째,	왼쪽에서 오른쪽 방향으로 표기합니다.
둘째,	주요 모음(기본 운모) 위에 표기합니다.
셋째,	입이 크게 벌어지는 운모 순(a〉o=e〉i=u=ü)으로 표기합니다.
넷째,	i 위에 성조 표기를 할 경우 i 위의 점은 생략합니다.
다섯째,	i와 u가 함께 있을 경우 뒤의 운모에 표기합니다.
여섯째,	경성은 성조 표기를 하지 않습니다.

예) hǎo, bié
예) nǐ
예) duī, diū
예) māma, bàba

(2) 경성

짧고 가볍게 읽어주는 성조를 경성(轻声 qīngshēng)이라고 합니다.
경성은 성조 표기를 하지 않으며 앞 음절의 성조에 따라 높낮이가 달라집니다.

🎧 00-2

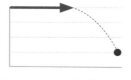
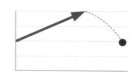

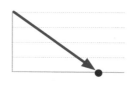

1성 뒤	2성 뒤	3성 뒤	4성 뒤
māma	yéye	nǎinai	bàba
妈妈 엄마	爷爷 할아버지	奶奶 할머니	爸爸 아빠

(3) 제3성의 성조 변화

제3성은 단독으로 읽을 때를 제외하고, 뒤 음절과의 자연스러운 연결을 위해 성조가 변합니다. 이때 성조 표기는 바뀌지 않습니다.

① 제3성의 연속 : 제3성 뒤에 제3성이 오면 앞의 제3성이 제2성으로 변합니다.

제3성 + 제3성   →   제2성 + 제3성

🎧 00-3

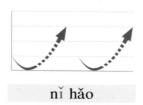
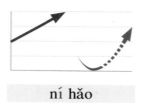

nǐ hǎo   ní hǎo

② 반3성 : 제3성 뒤에 제1, 2, 4성이나 경성이 오면 앞의 제3성은 내려가는 부분만 발음하는데, 이를 반3성이라고
합니다.

🎧 00-4

제3성 + 제1성 → 반3성 + 제1성		nǐ hē hěn duō
제3성 + 제2성 → 반3성 + 제2성		nǐ lái hěn máng
제3성 + 제4성 → 반3성 + 제4성		nǐ kàn hěn dà
제3성 + 경성 → 반3성 + 경성		nǐmen nǎinai

❸ 성모와 운모

성모(声母 shēngmǔ)는 한국어의 자음과 비슷한 것으로 21개이며, 운모(韵母 yùnmǔ)는 한국어의 모음과 비슷한 것
으로 36개입니다. 한국어는 모든 자음과 모음이 결합하여 발음을 낼 수 있는 반면, 중국어는 성모와 운모의 결합에
제약이 있습니다. 어떤 성모는 어떤 운모와는 절대 결합할 수 없으며, 약 400여[4] 개의 발음이 있습니다.

(1) 성모

성모(声母 shēngmǔ)는 중국어 음절의 맨 앞에 위치하는 자음입니다. 성모만으로는 소리를 낼 수 없기 때문에 임시
로 운모를 붙여서 발음해줍니다. 성모는 발음 위치에 따라 7가지로 구분할 수 있습니다.

---

4. 성조까지 포함하면 1400여 개의 발음이 있습니다.

① 쌍순음(双唇音) : 양 입술을 가볍게 붙였다 떼며 내는 소리입니다.　🎧 00-5

b (o)	우리말의 'ㅃ' 혹은 'ㅂ' 발음과 비슷합니다. 운모 'o'를 붙여 '뽀~어'라고 발음합니다.	bā (八, 8)
p (o)	우리말의 'ㅍ'과 비슷합니다. 운모 'o'를 붙여 입김을 세게 내뿜으며 '포~어'라고 발음합니다.	pò (破, 깨지다)
m (o)	우리말의 'ㅁ'과 비슷합니다. 운모 'o'를 붙여 콧소리를 내며 '모~어'라고 발음합니다.	mā (妈, 엄마)

② 순치음(唇齿音) : 윗니를 아랫입술 안쪽에 가볍게 붙였다 떼며 내는 소리입니다.　🎧 00-6

f (o)	운모 'o'를 붙여 영어의 f 발음처럼 '포~어'라고 발음합니다.	fā (发, 발전하다)

③ 설첨음(舌尖音) : 혀끝을 윗니 뒷부분에 붙였다 떼며 내는 소리입니다.　🎧 00-7

d (e)	우리말의 'ㄸ' 혹은 'ㄷ' 발음과 비슷합니다. 운모 'e'를 붙여 '뜨~어'라고 발음합니다.	dà (大, 크다)
t (e)	우리말의 'ㅌ'과 비슷합니다. 운모 'e'를 붙여 입김을 세게 내뿜으며 '트~어'라고 발음합니다.	tā (他, 그)
n (e)	우리말의 'ㄴ'과 비슷합니다. 운모 'e'를 붙여 콧소리를 내며 '느~어'라고 발음합니다.	ná (拿, 들다)
l (e)	우리말의 'ㄹ'과 비슷합니다. 운모 'e'를 붙여 '르~어'라고 발음합니다.	là (辣, 맵다)

④ 설근음(舌根音) : 혀뿌리로 목구멍을 막았다가 떼며 내는 소리입니다.　🎧 00-8

g (e)	우리말의 'ㄲ' 혹은 'ㄱ' 발음과 비슷합니다. 운모 'e'를 붙여 '끄~어'라고 발음합니다.	gē (哥, 형)
k (e)	우리말의 'ㅋ'과 비슷합니다. 운모 'e'를 붙여 입김을 세게 내뿜으며 '크~어'라고 발음합니다.	kǎ (卡, 카드)
h (e)	우리말의 'ㅎ'과 비슷합니다. 운모 'e'를 붙여 입김을 부는 듯 강하게 '흐~어'라고 발음합니다	hǎo (好, 좋다)

⑤ 설면음(舌面音) : 혀를 넓게 펴고 혓바닥 중간 부분을 입천장에 붙였다 떼며 내는 소리입니다. 설면음은 'i(이)'나 'ü(위)'로 시작하는 운모와만 결합합니다.   🎧 00-9

j (i)	우리말의 'ㅉ' 혹은 'ㅈ' 발음과 비슷합니다. 운모 'i'를 붙여 '찌'라고 발음합니다.	jī(鸡, 닭)
q (i)	우리말의 'ㅊ'과 비슷합니다. 운모 'i'를 붙여 입김을 세게 내뿜으며 '치'라고 발음합니다.	qī(七, 7)
x (i)	우리말의 'ㅅ'과 비슷합니다. 운모 'i'를 붙여 바람이 새듯이 '시'라고 발음합니다.	xī(西, 서쪽)

⑥ 설치음(舌齒音) : 혀끝을 윗니 뒷부분에 붙였다 떼며 발음합니다. 설치음 뒤의 'i'는 '으'로 발음하며, 'i(이)'나 'ü(위)'로 시작하는 운모와 절대 결합하지 않습니다.   🎧 00-10

z (i)	혀끝을 윗니 뒤에 붙였다 떼며 'i(으)'를 붙여 '쯔'처럼 발음합니다.	zì(字, 글자)
c (i)	혀끝을 윗니 뒤에 붙였다 떼며 입김을 세게 내뿜으며 도너츠의 '츠'처럼 발음합니다.	cì(次, 번)
s (i)	혀끝을 윗니 뒤에 붙였다 떼며 '쓰'라고 발음합니다.	sì(四, 4)

⑦ 권설음(卷舌音) : 혀를 말아 입천장에 닿거나 닿을 듯 말 듯 발음합니다. 권설음 뒤의 'i'는 '으'로 발음하며, 'i(이)'나 'ü(위)'로 시작하는 운모와 절대 결합하지 않습니다.   🎧 00-11

zh (i)	혀를 말아 경구개에 혀끝을 붙였다 떼며 '즈~'처럼 발음합니다.	zhè(这, 이)
ch (i)	혀를 말아 경구개에 혀끝을 댔다 떼며 입김을 세게 내뿜으며 '츠~'처럼 발음합니다.	chī(吃, 먹다)
sh (i)	혀의 위치는 zh(i)와 ch(i)보다 좀 더 안쪽입니다. 혀가 입천장에 닿지 않도록 하며 '스~'처럼 발음합니다.	shí(十, 10)
r (i)	혀의 위치는 sh(i)보다 좀 더 안쪽입니다. 혀가 입천장에 닿지 않도록 하며 '르~'처럼 발음합니다.	rè(热, 덥다)

✻ 구강 구조도

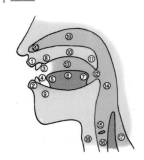

1. 윗입술	8. 윗잇몸	15. 성대
2. 아랫입술	9. 아랫잇몸	16. 기관
3. 윗니	10. 굳은입천장	17. 식도
4. 아랫니	11. 여린입천장	18. 후두
5. 혀끝	12. 목젖	19. 콧속
6. 혓바닥	13. 입안	20. 콧구멍
7. 혀뿌리	14. 인후	

(2) 운모

운모(韵母 yùnmǔ)는 중국어 음절 중 성모 부분을 제외한 나머지 부분을 가리키는 말입니다. 성모와 결합해서 음절을 이룰 수도 있고, 단독으로 음절을 구성할 수도 있습니다.

① 단운모(单韵母) : 하나의 모음으로 구성된 기본 운모입니다.　　　　　　　　　🎧 00-12

a	입을 크게 벌리고 '아'처럼 발음합니다.	bà (爸, 아빠)
o	'오어'처럼 발음하나 '오'에서 '어'로 자연스럽게 연결해 발음합니다.	bō (波, 파도)
e	'으어'처럼 발음하나 '으'에서 '어'로 자연스럽게 연결해 발음합니다.	è (饿, 배고프다)
i (yi)	입을 옆으로 쭉 벌리며 '이'라고 발음합니다. 영성모[5]일 때 'yi'로 표기합니다.	yī (一, 1)
u (wu)	입을 앞으로 쭉 내밀며 '우'라고 발음합니다. 영성모일 때 'wu'로 표기합니다.	wǔ (五, 5)
ü (yu)	입 모양을 '우' 모양으로 하고 입이 끝까지 벌어지지 않게 주의하며 '위'라고 발음합니다. 영성모일 때 'yu'로 표기하고, 성모 j, q, x 뒤에 올 때는 ü 위의 점을 떼고 'u'로 표기합니다.	qù (去, 가다)

② 복운모(复韵母) : 두 개의 모음으로 이루어진 운모입니다. 앞의 모음을 길게, 뒤에 오는 모음을 짧게 읽습니다.　　　　　　　　　🎧 00-13

ai	'아이'처럼 발음하는데 뒤의 '이'는 짧게 발음합니다.	lái (来, 오다)
ei	'에이'처럼 발음하는데 뒤의 '이'는 짧게 발음합니다.[6]	lèi (累, 피곤하다)
ao	'아오'처럼 발음하는데 뒤의 '오'는 짧게 발음합니다.	dào (到, 도착하다)
ou	'어우'처럼 발음하는데 뒤의 '우'는 짧게 발음합니다.	shǒu (手, 손)

③ 비운모(鼻韵母) : 콧소리가 나는 운모입니다.　　　　　　　　　🎧 00-14

an	'안'처럼 발음합니다.	kàn (看, 보다)
en	'으언'처럼 발음하는데 앞의 '으'를 짧게 발음합니다.	hěn (很, 아주)
ang	'앙'처럼 발음합니다.	bàng (棒, 훌륭하다)
eng	'으엉'처럼 발음하는데 앞의 '으'를 짧게 발음합니다.	lěng (冷, 춥다)
ong	'옹'이나 '웅'처럼 발음합니다.	dōng (东, 동쪽)

④ 권설운모(卷舌韵母) : 혀를 말아서 발음하는 운모입니다.　　　　　　　　　🎧 00-15

er	혀끝을 말아 '얼'처럼 발음합니다.	èr (二, 2)

---

5. 영성모(零声母)는 성모 없이 운모로만 음절이 구성된 것을 말합니다.
6. 모음 'e'는 원래 '으어'라고 발음하지만 다른 모음(i, ü) 앞이나 뒤에 오게 되면 '에'로 발음합니다. ei(에이) / ie(이예) / üe(위예) / uei(우에이)

⑤ 결합운모(结合韵母) : 단운모 i / u / ü 가 다른 운모와 결합된 운모입니다.

i 결합운모 : i로 시작하는 운모입니다. 영성모일 때는 괄호 안의 병음으로 표기합니다. 🎧 00-16

ia (ya)	'이야'처럼 발음하는데 앞의 '이'를 짧게 발음합니다.	yā (鸭, 오리)
ie (ye)	'이예'처럼 발음하는데 앞의 '이'를 짧게 발음합니다.	jiě (姐, 언니/누나)
iao (yao)	'이야오'처럼 발음하는데 앞의 '이'를 짧게 발음합니다.	yào (要, 원하다)
iou (you)★	'이여우'처럼 발음하는데 앞의 '이'를 짧게 발음합니다. 앞에 성모가 있을 때는 o를 생략하고 'iu'로 표기합니다.	yǒu (有, 가지고 있다)
ian (yan)	콧소리를 넣어 '이앤'처럼 발음하는데 '이'는 짧게 발음합니다.	qián (钱, 돈)
iang (yang)	콧소리를 넣어 '이양'처럼 발음하는데 '이'는 짧게 발음합니다.	xiǎng (想, 생각하다)
iong (yong)	콧소리를 넣어 '이용'처럼 발음하는데 '이'는 짧게 발음합니다.	yòng (用, 이용하다)
in (yin)	콧소리를 넣어 '인'처럼 발음합니다.	nín (您, 당신)
ing (ying)	콧소리를 넣어 '잉'처럼 발음합니다.	qǐng (请, ~하세요)

Tip

i 결합운모 발음 및 표기 팁

1. 설면음(j·q·x)과 잘 결합하고, 설치음(z·c·s), 권설음(zh·ch·sh·r)과는 절대 결합하지 않습니다.
   예) jiā (○), ziā (×), zhiā (×)

2. 영성모일 때는 i를 y로 바꿔 표기합니다. 모음이 i만 있을 때는 i 앞에 y를 붙여줍니다.
   예) i → yi, ia → ya, ing → ying

3. iou 앞에 성모가 있으면 o를 생략하고 iu로 표기합니다.
   예) l+iou → liu, j+iou → jiu

u 결합운모 : u로 시작하는 운모입니다. 영성모일 때는 괄호 안의 병음으로 표기합니다. 🎧 00-17

ua (wa)	'우와'처럼 발음합니다.	wā (哇, 왜!)
uo (wo)	'우워'처럼 발음합니다.	duō (多, 많다)
uai (wai)	'우와이'처럼 발음합니다.	shuài (帅, 멋지다)
uan (wan)	콧소리를 내며 '우완'처럼 발음합니다.	wǎn (晚, 늦다)
uang (wang)	콧소리를 내며 '우왕'처럼 발음합니다.	wáng (王, 왕)
uei (wei)★	'우웨이'처럼 발음합니다. 앞에 성모가 있을 때는 'e'를 생략하고 'ui'로 표기합니다.	wéi (喂, 여보세요)
uen (wen)★	콧소리를 내며 '우원'처럼 발음합니다. 앞에 성모가 있을 때는 'e'를 생략하고 'un'로 표기합니다.	kùn (困, 졸리다)
ueng (weng)	콧소리를 내며 '우웡'처럼 발음합니다.	wēng (翁, 노인)

> **Tip**
>
> u 결합운모 발음 및 표기 팁
>
> 1. 설면음(j·q·x)과는 절대 결합하지 않습니다.
>   예 xuo (✕),　quang (✕)
>
> 2. 영성모일 때는 u를 w로 바꿔 표기합니다. 모음이 u만 있을 때는 앞에 w를 붙여줍니다.
>   예 u → wu,　　ua → wa,　　ueng → weng
>
> 3. uei, uen 앞에 성모가 있으면 e를 생략하고 각각 ui, un으로 표기합니다.
>   예 g + uei → gui　　k + uen → kun

ü 결합운모 : ü로 시작하는 운모입니다. 영성모일 때는 괄호 안의 병음으로 표기합니다.　🎧 **00-18**

üe (yue)	'위예'처럼 발음합니다.	xué (学, 배우다)
üan (yuan)	'위엔'처럼 발음합니다.	yuán (元, 위엔)
ün (yun)	'윈'처럼 발음합니다. 입 모양은 휘파람을 불 때처럼 하며 입이 끝까지 벌어지지 않도록 주의합니다.	yùn (运, 윈)

> **Tip**
>
> ü 결합운모 발음 및 표기 팁
>
> 1. 설면음(j·q·x)과 잘 결합하고, 설치음(z·c·s), 권설음(zh·ch·sh·r)과는 절대 결합하지 않습니다.
>   예 jue (○),　zue (✕),　zhue (✕)
>
> 2. 영성모일 때는 ü 위의 점을 떼고 yu로 표기합니다.
>   예 ü → yu,　　üe → yue,　　ün → yun
>
> 3. 설면음(j·q·x) 뒤에 올 때는 ü 위의 점을 떼고 u로 표기합니다.
>   예 j + ü → ju,　　x + üe → xue

중국어 문법

❶ 중국어 문법 특징 (한국어 vs. 중국어)

언어	한국어	중국어
어순	주어 + 목적어 + 서술어	주어 + 서술어 + 목적어
	나는 당신을 사랑해요.	我爱你。　Wǒ ài nǐ.
	당신은 나를 사랑해요.	你爱我。　Nǐ ài wǒ.
	그는 나를 사랑해요.	他爱我。　Tā ài wǒ.
시제가 달라져도 동사의 형태 변화 없음	나는 당신을 사랑했어요. (과거)	以前我爱过你。(과거) Yǐqián wǒ ài guo nǐ.
	나는 당신을 사랑해요. (현재)	我爱你。(현재) Wǒ ài nǐ.

❷ 중국어 어순 (문장 구조)

중국어는 어순만 바뀌어도 뜻이 달라지기 때문에 어순이 정말 중요합니다.

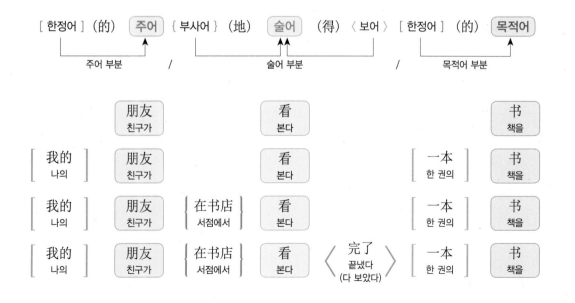

* 품사와 문장 성분

품사 (13개)	문장 성분 (6개)
단어 고유의 성질을 나타내는 것	문장 속에서의 역할을 나타내는 것
명사, 대명사, 동사, 형용사, 조동사 수사, 양사, 부사, 개사, 조사 접속사, 감탄사, 의성사	주요 성분 : 주어, 술어, 목적어 (꾸밈을 받는 말) 수식 성분 : 한정어, 상황어, 보어 (꾸며주는 말)

* 품사 약어표

품사	약어	품사	약어
명사	명	동사	동
대명사	대	형용사	형
의문사	의	조동사	조동
고유명사	고유	부사	부
수사	수	개사	개
양사	양	조사	조
접속사	접	접두사/접미사	접두/접미
의성사	의성	감탄사	감탄

* 중국어 입력 방법

설정 → 일반 → 키보드/언어 및 입력방식 → 简体中文(중국어 간화자) 추가
→ 언어 변환(🌐) → 병음 이용 중국어 입력

* 스마트폰 기종에 따라 상이할 수 있습니다.

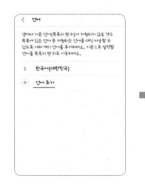   

중국어 발음 완전 정복

1. 단어를 잘 듣고 성조 표시를 해 보세요. 🎧 00-19

   ① Zhongguo   ② renminbi   ③ wuxinghongqi   ④ dongnanxibei

2. 발음을 잘 듣고 해당하는 한어병음을 골라 보세요. 🎧 00-20

   ① ☐ gē   ☐ kē   ② ☐ lè   ☐ rè
   ③ ☐ jiā   ☐ zā   ④ ☐ yǐn   ☐ yǐng
   ⑤ ☐ jué   ☐ jié   ⑥ ☐ zuò   ☐ zòu

3. 발음을 잘 듣고 빈칸에 성모나 운모를 써 보세요. 🎧 00-21

   ① _____ià   ② _____à   ③ s_____   ④ x_____

4. 다음 운모들을 성모 없이 단독으로 쓸 때 어떻게 표기하는지 써 보세요.

   ① ia → _____   ② in → _____   ③ uei → _____   ④ üe → _____

5. 다음 숫자를 듣고 따라해 보세요. 🎧 00-22

yī	èr	sān	sì	wǔ
一	二	三	四	五

liù	qī	bā	jiǔ	shí
六	七	八	九	十

您好！欢迎光临！

Nín hǎo! Huānyíng guānglín!

안녕하십니까! 어서 오십시오!

회화를 듣고 A에 대한 대답으로 가장 어울리는 문장을 연결하세요.

1. A: 您好! •   • 不客气。

2. A: 再见! •   • 没关系。

3. A: 谢谢! •   • 拜拜!

4. A: 不好意思! •   • 你好!

🎧 01-2

새 단어

- 职员 zhíyuán 몡 직원
- 你 nǐ 떼 너, 당신
- 您 nín 떼 [존칭] 당신
- 好 hǎo 혱 좋다, 안녕하다
- 欢迎 huānyíng 통 환영하다
- 光临 guānglín 몡통 [경어] 왕림(하다)
- 再 zài 閆 다시

- 见 jiàn 통 만나다
- 次 cì 얭 번
- 拜拜 báibai 헤어질 때 인사(bye-bye), 통 헤어지다
- 谢谢 xièxie 감사합니다
- 不客气 bú kèqi 천만에요, 사양하지 않다
- 不好意思 bù hǎoyìsi 미안하다, 부끄럽다, 겸연쩍다
- 没关系 méi guānxi 괜찮다, 문제없다

| 회화 1 - 만남 |

职员　您①好!
　　　Nín hǎo!
　　　欢迎光临!
　　　Huānyíng guānglín!

顾客　你好②!
　　　Nǐ hǎo!

| 회화 2 - 헤어짐 |

职员　再见!
　　　Zàijiàn!

　　　欢迎再次光临!
　　　Huānyíng zàicì guānglín.

顾客　拜拜!
　　　Báibai!

| 회화 3 - 감사 |

顾客　谢谢③!
　　　Xièxie!

职员　不④客气。
　　　Bú kèqi.

| 회화 4 - 사과 |

顾客　不好意思⑤!
　　　Bù hǎoyìsi!

职员　没关系。
　　　Méi guānxi.

생생 해석

회화 1 - 만남
직원　안녕하십니까! 어서 오십시오!
고객　안녕하세요!

회화 3 - 감사
고객　감사합니다!
직원　별말씀을요.

회화 2 - 헤어짐
직원　안녕히 가세요! 또 오십시오!
고객　안녕히 계세요!

회화 4 - 사과
고객　죄송해요!
직원　괜찮습니다.

콕콕 설명

❶ 인칭대명사

	1인칭	2인칭	3인칭		
단수	我 wǒ 나	你　　　您 nǐ　　　nín 너, 당신　당신(존칭)	他 tā 그	她 tā 그녀	它 tā 그것 (사물, 동물)
복수	我们 wǒmen 우리	你们 nǐmen 너희, 당신들	他们 tāmen 그들	她们 tāmen 그녀들	它们 tāmen 그것들

❷ 你好!와 你好吗?

시간, 장소, 대상에 상관없이 가장 일반적으로 쓰는 인사말은 '你好!(Nǐ hǎo! 니하오)'입니다. 상대를 높여 인사할 때는 '您好!(Nín hǎo! 닌하오)'라고 인사하며, 你 대신 대상이나 시간을 넣어서 인사할 수도 있습니다.

- 老师好！ Lǎoshī hǎo!　　　선생님 안녕하세요!
- 早上好！ Zǎoshang hǎo!　　안녕하세요! (아침 인사)

'你好吗?(Nǐ hǎo ma? 니하오마)'는 알고 지내는 사이에 안부를 묻는 표현입니다.

你好！ (Nǐ hǎo!)	你好吗？ (Nǐ hǎo ma?)
안녕하세요! (가장 일반적으로 쓰는 인사말)	잘 지냈어요? (안부를 묻는 표현)
A: 你好！ Nǐ hǎo! 안녕하세요! B: 你好！ Nǐ hǎo! 안녕하세요!	A: 你好吗？ Nǐ hǎo ma? 잘 지냈어요? B: 很好。 Hěn hǎo. 잘 지냈어요.

③ 谢谢와 不客气

감사의 표현을 하고 싶을 때는 '谢谢(xièxie)'라고 하며, '谢谢' 뒤에 대상을 넣어서 표현할 수도 있습니다. 대답은 '不客气(bú kèqi)'라고 하며, 이 외에도 '不谢(bú xiè)', '不用谢(búyòng xiè)', '没什么(méi shénme)', '没事儿(méi shìr)' 등으로 다양하게 합니다.

④ 不의 성조 변화

不(bù)는 동사나 형용사 앞에 쓰여 부정문을 만들어 주는 단어입니다. 不 뒤에 제4성이 오면 제2성(bú)으로 발음합니다. 본 교재에서는 학습의 편의를 위해 바뀐 성조로 표기합니다.

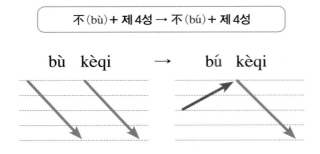

⑤ 不好意思와 没关系

중국인들은 작은 실수에 대한 사과 표현을 할 때 '不好意思(bù hǎoyìsi)'를 자주 사용합니다. '对不起(duìbuqǐ)' 또는 '很抱歉(hěn bàoqiàn)'은 조금 더 큰 실수나 잘못에 대한 사과 표현입니다. 대답은 '没关系(méi guānxi)'나 '没事儿(méi shìr)' 등으로 다양하게 합니다.

SHINSEGAE DUTY FREE

新世界百货店/免税店
Xīnshìjiè bǎihuòdiàn/miǎnshuìdiàn

신세계백화점/면세점

HYUNDAI

现代百货店/免税店
Xiàndài bǎihuòdiàn/miǎnshuìdiàn

현대백화점/면세점

LOTTE DUTY FREE

乐天百货店/免税店
Lètiān bǎihuòdiàn/miǎnshuìdiàn

롯데백화점/면세점

Galleria DUTY FREE

格乐丽雅百货店/免税店
Gélèlìyǎ bǎihuòdiàn/
miǎnshuìdiàn

갤러리아백화점/면세점

SHILLA IPARK duty free

新罗爱宝客免税店
Xīnluó àibǎokè miǎnshuìdiàn

신라아이파크면세점

LOTTE DEPARTMENT STORE

乐天世界塔/乐天世界购物城
Lètiān shìjiètǎ/
Lètiān shìjiè gòuwùchéng

롯데월드타워/롯데월드몰

DONGWHA DUTY FREE

东华免税店
Dōnghuá miǎnshuìdiàn

동화면세점

DOOTA DUTY FREE

都塔免税店
Dūtǎ miǎnshuìdiàn

두타면세점

SM DUTYFREE Smart Shopping, Good Memories

SM免税店
SM miǎnshuìdiàn

SM면세점

emart

易买得
Yìmǎidé

이마트

LOTTE Mart

乐天玛特
Lètiān mǎtè

롯데마트

Home plus

家加
Jiājiā

홈플러스

Starfield

星空购物城
Xīngkōng gòuwùchéng

스타필드

THE HYUNDAI PanGyo

现代奥特莱斯
Xiàndài àotèláisī

현대아울렛

LOTTE OUTLETS

乐天奥特莱斯
Lètiān àotèláisī

롯데아울렛

 중국 대표 검색엔진 '바이두(百度 Bǎidù)'와

'바이두 지도(百度地图 Bǎidù dìtú)'

바이두(百度 Bǎidù)는 미국의 구글, 한국의 네이버와 비슷한 중국의 대표 검색엔진입니다. '검색해보세요'라는 말이 '百度一下(Bǎidù yíxià)'로 통할 정도로 바이두는 검색의 대명사가 되었습니다. 바이두는 현재 마윈(马云 Mǎ Yún)이 창업한 것으로 유명한 알리바바, 중국의 대표 모바일 메신저 위챗으로 유명한 텐센트와 함께 중국의 3대 IT기업으로 꼽히고 있습니다.

현재 60여 개 서비스를 제공하고 있는데 특히 지도 앱인 바이두 지도(百度地图 Bǎidù dìtú)는 중국 생활과 여행에 아주 유용합니다. 한국에서도 사용이 가능해 관광객, 유학생은 물론 출장자들도 즐겨 쓰고 있습니다. 사용 방법은 네이버 지도와 비슷하고 음성 검색(小度助手)도 가능합니다. 주변 검색 기능(发现周边)을 통해 주변의 가볼 만한 곳, 맛집, 숙박, 여행일정 정보를 확인할 수 있습니다. 또한 번역기, 환율 정보, 지하철 노선표까지 연동되어 있어 이용이 편리합니다.

(1) 바이두 지도 앱 탕웨이 음성 내비게이션 설정

(2) 바이두 서울 지도 오른쪽 상단 음성 검색 기능(小度)❶

(3) 명동역 → 잠실 롯데월드타워 길 찾기

(4) 바이두 추천 서울 1일 여행 코스 (旅游图)❷

 01-4

제시된 단어를 활용하여 다양하게 연습해 보세요.

1. [호칭], 您好!
   nín hǎo

   ~님, 안녕하십니까!

顾客
Gùkè

고객님, 안녕하십니까!

先生
Xiānsheng

선생님, 안녕하십니까!

女士
Nǚshì

여사님, 안녕하십니까!

2. 欢迎光临 [장소]!
   Huānyíng guānglín

   ~에 오신 것을 환영합니다!

新罗免税店
Xīnluó miǎnshuìdiàn

신라면세점에 오신 것을 환영합니다!

现代百货店
Xiàndài bǎihuòdiàn

현대백화점에 오신 것을 환영합니다!

华克山庄酒店
Huákèshānzhuāng jiǔdiàn

워커힐호텔에 오신 것을 환영합니다!

3. | 시간사 | 见!
jiàn

～에 만납시다!

明天
Míngtiān

내일 만납시다!

改天
Gǎitiān

다음에 만납시다!

下午
Xiàwǔ

오후에 만납시다!

4. 谢谢 | 대상 | !
Xièxie

～ 감사합니다!

您
nín

(당신에게) 감사합니다!

妈妈
māma

엄마 감사합니다!

老师
lǎoshī

선생님 감사합니다!

🎧 01-5

새 단어

- 顾客 gùkè 몡 고객, 손님
- 先生 xiānsheng 몡 선생님, ～씨(성인 남자·지식인의 존칭)
- 女士 nǚshì 몡 여사, 숙녀(성인 여자의 존칭)
- 华克山庄酒店 Huákèshānzhuāng jiǔdiàn
  고유 워커힐호텔

- 明天 míngtiān 몡 내일
- 改天 gǎitiān 몡 다음, 후일
- 下午 xiàwǔ 몡 오후
- 老师 lǎoshī 몡 선생님

그림을 보고 상황에 맞는 표현을 빈칸에 넣어 연습해 보세요.

1. 顾客 : 不好意思!
   Bù hǎoyìsi!

   职员 : ＿＿＿＿＿＿＿＿＿＿＿＿ 。

2. 顾客 : 谢谢!
   Xièxie!

   职员 : ＿＿＿＿＿＿＿＿＿＿＿＿ 。

제시된 단어를 빈칸에 넣어 상황 연습을 해 보세요.

A (호칭)	B (장소)	
① 선생님 : 先生 xiānsheng	LOTTE DEPARTMENT STORE	乐天百货店 Lètiān bǎihuòdiàn
② 여사님 : 女士 nǚshì	SHINSEGAE DUTY FREE	新世界免税店 Xīnshìjiè miǎnshuìdiàn
③ 고객님 : 顾客 gùkè	근무 장소	

1. 职员 : ＿＿＿A＿＿＿, 您好! 欢迎光临＿＿＿B＿＿＿!
   nín hǎo!　Huānyíng guānglín

   顾客 : 你好!
   Nǐ hǎo!

2. 职员 : 谢谢＿＿＿A＿＿＿, 欢迎再次光临＿＿＿B＿＿＿!
   Xièxie　　　　huānyíng zàicì guānglín

   顾客 : 谢谢, 再见!
   Xièxie, zàijiàn!

1. 문장을 듣고 운모 위에 성조 표시를 하고 한국어로 해석해 보세요. 🎧 01-6

① Nin hao. : ② Zaijian. :
③ Xiexie. : ④ Bu haoyisi. :

2. 문장을 듣고 빈칸에 들어갈 단어를 한어병음이나 한자로 써 보세요. 🎧 01-7

① _____光临！(어서 오십시오!) ② 谢谢_____！(엄마 감사합니다!)
③ _____见！(내일 뵙겠습니다!) ④ _____，不好意思！(선생님, 죄송합니다!)

3. 왼쪽에 있는 문장의 대답으로 가장 어울리는 문장을 연결해 보세요.

你好吗？(Nǐ hǎo ma?) •   • 你好！(Nǐ hǎo!)
谢谢！(Xièxie!) •   • 不客气！(Bú kèqi!)
不好意思！(Bù hǎoyìsi!) •   • 很好。(Hěn hǎo.)
你好！(Nǐ hǎo!) •   • 没关系！(Méi guānxi!)

4. 주어진 단어들을 어순에 맞게 배열하여 한 문장으로 만들어 보세요.

① 您 / 谢谢 (감사합니다!)
➡ _____

② 见 / 改天 (다음에 뵙겠습니다!)
➡ _____

③ 光临 / 欢迎 / 再次 (다음에 다시 오시는 것을 환영합니다!)
➡ _____

您需要什么?

Nín xūyào shénme?

당신은 무엇이 필요하십니까?

회화를 듣고 빈칸에 알맞은 말을 고르세요.

1. 顾客需要_____。

   a. 毛衣　　　　　b. 大衣

2. _____请。

   a. 这边　　　　　b. 那边

새 단어

□ 需要 xūyào 통 필요로 하다, 요구되다
□ 什么 shénme 의 무엇
□ 要 yào 통 원하다
□ 大衣 dàyī 명 코트
□ 毛衣 máoyī 명 스웨터
□ 这 zhè 대 이
□ 那 nà 대 그
□ 边 biān 접미 ~쪽, ~측

□ 请 qǐng 통 ~하세요, 청하다
□ 随便 suíbiàn 부 마음대로, 편하게
　　　　　　　　통 마음대로 하다, 편한 대로 하다
□ 看 kàn 통 보다
□ 吧 ba 조 ~하세요, ~합시다 (제안, 청유, 명령의 어기조사)
□ 不 bù 부 ~하지 않다
□ 吗 ma 조 ~입니까?

职员　先生，您需要什么^①？
　　　Xiānsheng, nín xūyào shénme?

顾客　我要大衣。
　　　Wǒ yào dàyī.

职员　这^②边请^③。您随便看看^④吧^⑤。
　　　Zhèbiān qǐng. Nín suíbiàn kànkan ba.

생생 해석

직원　고객님, 무엇이 필요하십니까?

고객　저는 코트를 원합니다.

직원　이쪽입니다. 편하게 보십시오.

STEP 3 콕콕 설명

1 동사 술어문

동사가 술어 역할을 하는 문장을 '동사 술어문'이라고 합니다. 부정형은 일반적으로 동사 앞에 不(bù)를 붙여줍니다.

형식		예문
긍정문	주어 + 동사 + 목적어	我喝咖啡。 저는 커피를 마십니다. Wǒ hē kāfēi.
부정문	주어 + 不 + 동사 + 목적어	我不喝咖啡。 저는 커피를 마시지 않습니다. Wǒ bù hē kāfēi.
일반의문문	주어 + 동사 + 목적어 + 吗？	你喝咖啡吗？ 당신은 커피를 마십니까? Nǐ hē kāfēi ma?
정반의문문	주어 + 동사 不 동사 + 목적어?	你喝不喝咖啡？ 당신은 커피를 마십니까 안 마십니까? Nǐ hē bu hē kāfēi?
의문사의문문	주어 + 동사 + 什么?	你喝什么？ 당신은 무엇을 마십니까? Nǐ hē shénme?

2 지시대명사

지시대명사는 사물, 사람, 장소 등을 대신 가리키는 말입니다. 일반적으로 「지시대명사＋양사 ＋명사」의 어순으로 사용합니다.

지시대명사		예문
이(것)	这 (个) zhè (ge)	这个很好。 이것은 좋습니다. Zhè ge hěn hǎo.
그/저(것)	那 (个) nà (ge)	那个不好。 그것은 좋지 않습니다. Nà ge bù hǎo.
어느(것)	哪 (个) nǎ (ge)	哪个好？ 어느 것이 좋습니까? Nǎ ge hǎo?

③ 请

请(qǐng)은 상대방에게 어떤 일을 정중하게 부탁하거나 권할 때 쓰는 경어입니다. 문장의 맨 앞이나 뒤에 쓰여, '~하세요', '~해 주세요'라는 뜻을 나타냅니다. 영어의 please와 의미나 사용법이 비슷하며, '请(qǐng)' 한 글자만 사용하기도 합니다.

- 请进。 들어오세요.
  Qǐng jìn.

- 请坐。 앉으세요.
  Qǐng zuò.

- 请喝茶。 차 드세요.
  Qǐng hē chá.

④ 동사 중첩

동사를 중첩해서 사용하면 '좀 ~하다', '해 보다'의 뜻이 됩니다. 중첩한 두 번째 동사는 경성으로 읽고, 중첩한 동사 중간에 숫자 一(yī)를 넣어 말하기도 합니다. 문장 끝에 어기조사 吧(ba)를 함께 쓰면 '좀 ~하세요', '좀 ~합시다'의 뜻이 됩니다.

형식	예문
AA	看看 kànkan 좀 보다
A一A	看一看 kàn yi kàn 좀 보다
AA吧	看看吧 kànkan ba 좀 보세요, 좀 봅시다

⑤ 어기조사 吧

어기조사는 문장의 끝에 쓰여 의문, 명령, 감탄 등의 어기를 나타내 주는 단어입니다. 어기조사 吧(ba)는 평서문 끝에 쓰여 제안, 청유, 권유, 명령, 의지 등의 의미를 나타냅니다.

- 你买吧。 당신 사세요. (권유)
  Nǐ mǎi ba.

- 我们买吧。 우리 삽시다. (청유)
  Wǒmen mǎi ba.

- 我买吧。 제가 살게요. (의지)
  Wǒ mǎi ba.

| 판매·서비스 기초 동사 |

买 mǎi
사다

逛 guàng
둘러보다

试 shì
시험 삼아 해 보다

拿 ná
가져오다

换 huàn
교환하다

退/退货 tuì/tuìhuò
환불하다

包/包装
bāo/bāozhuāng
포장하다/선물 포장하다

结账 jiézhàng
계산하다

有 yǒu
가지고 있다

用 yòng
사용하다

坐 zuò
앉다

等 děng
기다리다

吃 chī
먹다

喝 hē
마시다

尝 cháng
맛보다

点 (菜) diǎn (cài)
(음식을) 주문하다

중국 모바일 메신저 '위챗 WeChat(微信 Wēixìn)'

위챗은 한국의 카카오톡과 비슷한 중국 모바일 메신저 서비스입니다. 중국 3대 IT그룹 텐센트(腾讯 Téngxùn)가 자사의 PC 기반 메신저 서비스 QQ를 운영하면서 축적된 노하우를 바탕으로 출시했습니다. 2011년에 출시된 이 메신저 서비스의 현재 사용자는 약 10억 명에 달합니다.(2018년 기준) 위챗은 앱 속에 앱이 들어있는 형태로, 채팅뿐만 아니라 카카오스토리와 비슷한 모멘트, 뉴스 기사, 게임 그리고 핀테크 결제 시스템으로 유명한 위챗페이까지 다양한 기능이 있어 편리하게 사용할 수 있습니다.

중국에서는 메신저 친구를 등록할 때 아이디나 전화번호가 아닌 QR코드(二维码 èrwéimǎ)를 이용하는데, 이 때문에 '我加你 (Wǒ jiā nǐ 내가 당신을 추가할게요)' 또는 '我扫你 (Wǒ sǎo nǐ 내가 당신의 QR코드를 스캔할게요)'라고 말합니다. 또한 중국인들은 위챗으로 대화할 때 음성메시지 기능을 자주 사용합니다. 이는 한자 입력이 번거롭기도 하고, 헷갈리기 쉬운 한자도 많기 때문입니다.

한편 중국 기업·공공기관·매체·소규모의 상점이나 음식점들은 위챗 공공계정(微信公众平台 Wēixìn gōngzhòng píngtái)을 통해 관련 정보를 제공하고 있습니다. 중국 마케팅을 위해서는 위챗 공공계정이 필수이기 때문에 한국의 기업·백화점·면세점들도 위챗 공공계정을 만들어 적극적인 마케팅을 펼치고 있습니다.

(1) 위챗 개인 설정 화면

(2) 위챗 QR코드

(3) 위챗의 기타 기능

(4) 신라면세점 공공계정

STEP 5
싹싹 연습

🎧 02-4

제시된 단어를 활용하여 다양하게 연습해 보세요.

1. 你 [동사] 什么?
   Nǐ   shénme

   당신은 무엇을 ~합니까?

要
yào

당신은 무엇을 원합니까?

买
mǎi

당신은 무엇을 삽니까?

点
diǎn

당신은 무엇을 주문합니까?

2. 你 [동사 + 목적어] 吗?
   Nǐ   ma

   당신은 ~합니까?

点菜
diǎncài

당신은 음식을 주문합니까?

去中国
qù Zhōngguó

당신은 중국에 갑니까?

我不 [동사 + 목적어] 。
Wǒ bù(bú)

저는 ~하지 않습니다.

点菜
diǎncài

저는 음식을 주문하지 않습니다.

去中国
qù Zhōngguó

저는 중국에 가지 않습니다.

3. 随便 [동사중첩] 吧。
   Suíbiàn   ba   편하게 좀 ~하세요.

   ───

       尝尝   편하게 좀 맛보세요.
       chángchang

       试试   편하게 좀 입어 보세요.
       shìshi

       逛逛   편하게 좀 둘러 보세요.
       guàngguang

4. 请 [동사 (+목적어)] 。
   Qǐng   ~하세요.

   ───

       坐   앉으세요.
       zuò

       喝茶   차 드세요.
       hē chá

       慢用   천천히 드세요.
       màn yòng

🎧 02-5

[새 단어]
───

□ 菜 cài 몡 요리, 음식   □ 茶 chá 몡 차
□ 去 qù 통 가다   □ 慢 màn 혱 느리다, 천천하다
□ 中国 Zhōngguó 고유 중국

제시된 단어를 빈칸에 넣어 상황 연습을 해 보세요.

1.

A (동사)		B (음료, 음식, 물품)
① 마시다 : 喝 hē		커피 : 咖啡 kāfēi
② 먹다 : 吃 chī		비빔밥 : 拌饭 bànfàn
③ 필요하다 : 需要 xūyào		타올 : 毛巾 máojīn

职员 : 您_____A_____什么？
　　　　Nín 　　　　　　shénme?

顾客 : 我_____A_____ _____B_____。
　　　　Wǒ

2.

A (상품, 식품)	B (동사)
코트 : 大衣 dàyī	보다 : 看看 kànkan
운동화 : 运动鞋 yùndòngxié	신어 보다 : 试试 shìshi
김 : 紫菜 zǐcài	맛보다 : 尝尝 chángchang

职员 : 您好！您需要什么？
　　　　Nín hǎo! Nín xūyào shénme?

顾客 : 我要_____A_____。
　　　　Wǒ yào

职员 : 这边请。您随便_____B_____吧。
　　　　Zhèbiān qǐng. Nín suíbiàn 　　　　ba.

회화 완전 정복

1. 문장을 듣고 운모 위에 성조 표시를 하고 한국어로 해석해 보세요. 🎧02-6

① Nin xuyao shenme? :

② Zhebian qing. :

2. 문장을 듣고 빈칸에 들어갈 단어를 한어병음이나 한자로 써 보세요. 🎧02-7

① _____坐。 (앉으세요.)

② 我_____点菜。 (나는 음식을 주문하지 않습니다.)

3. 다음 단어를 이용하여 동사 술어문을 다양한 형식으로 만들어 보세요.

A (동사)	B (명사)
要 yào 원하다 吃 chī 먹다 喝 hē 마시다	大衣 dàyī 코트 拌饭 bànfàn 비빔밥 咖啡 kāfēi 커피

일반의문문 : 你____A____吗? → 긍정문 : 我____A____。

정반의문문 : 你____A____不____A____? → 부정문 : 我不____A____。

의문사의문문 : 你____A____什么? → 긍정문 : 我____A____B____。

4. 주어진 단어들을 어순에 맞게 배열하여 한 문장으로 만들어 보세요.

① 什么 / 您 / 买 (당신은 무엇을 삽니까?)

➡ _____

② 吧 / 尝尝 / 您 / 随便 (편하게 드셔 보세요.)

➡ _____

③ 不 / 我 / 中国 / 去 (저는 중국에 가지 않습니다.)

➡ _____

这件怎么样?

Zhè jiàn zěnmeyàng?

이것은 어떻습니까?

회화를 듣고 회화 내용과 일치하면 V, 일치하지 않으면 X표시를 하세요.

1. 这件不漂亮。 　　　（　　　　　）

2. 这不是新款。 　　　（　　　　　）

🎧 03-2

새 단어

- 件 jiàn 양 벌(옷을 세는 양사)
- 怎么样 zěnmeyàng 의 어떻습니까?
- 很 hěn 부 매우, 아주
- 漂亮 piàoliang 형 예쁘다, 아름답다
- 是 shì 네, 동 ~이다

- 新款 xīnkuǎn 명 새로운 스타일(디자인, 양식, 모델)
- 对 duì 형 맞다, 옳다
- 试 shì 동 시험 삼아 해 보다(입어 보다, 신어 보다)
- 一下 yíxià 수량 좀, 잠깐, 한번 (~하다)
  (동사 뒤에 쓰여 동작의 시간이 짧음을 나타냄)

职员　这件怎么样?
　　　Zhè jiàn zěnmeyàng?

顾客　很①漂亮②。这是③新款吗?
　　　Hěn piàoliang. Zhè shì xīnkuǎn ma?

职员　对! 请您试一④下。
　　　Duì! Qǐng nín shì yíxià.

생생 해석

직원　이것은 어떻습니까?

고객　예쁘네요. 이것은 신상품입니까?

직원　그렇습니다. 한번 입어 보십시오.

콕콕 설명

1 정도부사

정도부사		예문
最 zuì	제일, 가장	最好。 Zuì hǎo. 가장 좋습니다.
超级 chāojí	엄청나게	超级好。 Chāojí hǎo. 엄청 좋습니다.
太（~了） tài (le)	너무	太好了。 Tài hǎo le. 너무 좋습니다.
非常 fēicháng	굉장히	非常好。 Fēicháng hǎo. 굉장히 좋습니다.
真 zhēn	정말	真好。 Zhēn hǎo. 정말 좋습니다.
挺（~的） tǐng (de)	상당히, 꽤	挺好的。 Tǐng hǎo de. 상당히 좋습니다.
比较 bǐjiào	비교적	比较好。 Bǐjiào hǎo. 비교적 좋습니다.
很 hěn	매우, 아주	很好。 Hěn hǎo. (아주) 좋습니다.
不太 bútài	별로	不太好。 Bútài hǎo. 별로 안 좋습니다.

2 형용사 술어문

형용사가 술어 역할을 하는 문장을 '형용사 술어문'이라고 합니다. 형용사 앞에는 정도부사를 붙여서 정도를 표현합니다. 형용사 앞에 정도부사가 없으면 비교의 느낌을 주기 때문에 긍정형에는 습관적으로 很(hěn)을 붙여줍니다. 부정형은 형용사 앞에 不(bù)를 붙여줍니다.

형식		예문
긍정문	주어 + 정도부사 + 형용사	这个很好。 이것은 좋습니다. Zhè ge hěn hǎo.
부정문	주어 + 不 + 형용사	这个不好。 이것은 좋지 않습니다. Zhè ge bù hǎo.
일반의문문	주어 + 형용사 + 吗?	这个好吗? 이것은 좋습니까? Zhè ge hǎo ma?
정반의문문	주어 + 형용사 不 형용사?	这个好不好? 이것은 좋습니까 안 좋습니까? Zhè ge hǎo bu hǎo?
의문사의문문	주어 + 怎么样?	这个怎么样? 이거 어때요? Zhè ge zěnmeyàng?

③ 是자 술어문

是(shì)는 '~이다'라는 뜻의 동사이며, 是가 술어 역할을 하는 문장을 '是자 술어문'이라고 합니다. 부정형은 是 앞에 不(bù)를 붙여줍니다. 是만 단독으로 쓰면 '네'라는 뜻이 됩니다. 주어 자리에 这个 (zhè ge, 이것), 那个 (nà ge, 저것)가 오면 个(ge)를 생략합니다.

	형식	예문
긍정문	주어 + 是 + 목적어	这是新款。 이것은 신상품입니다. Zhè shì xīnkuǎn.
부정문	주어 + 不 + 是 + 목적어	这不是新款。 이것은 신상품이 아닙니다. Zhè bú shì xīnkuǎn.
일반의문문	주어 + 是 + 목적어 + 吗?	这是新款吗? 이것은 신상품입니까? Zhè shì xīnkuǎn ma?
정반의문문	주어 + 是 不 是 + 목적어?	这是不是新款? 이것은 신상품입니까 아닙니까? Zhè shì bu shì xīnkuǎn?
의문사의문문	주어 + 是 + 什么?	这是什么? 이것은 무엇입니까? Zhè shì shénme?

④ 一의 성조 변화

一는 단독으로 쓰일 때와 서수로 쓰일 때만 원래 성조인 제1성(yī)으로 발음합니다.

단독 사용 / 서수 yī
yī (一, 1, 하나) 　　dì yī (第一, 첫 번째) 　　yī yuè (一月, 1월)

이 외의 경우에는 뒤 음절의 성조에 따라 제2성이나 제4성으로 변하게 됩니다. '一'가 동사중첩 형태 사이에 쓰이면 경성으로 변합니다.

yì + 제1, 2, 3성	yí + 제4성, 제4성이 변한 경성	A yi A (동사중첩 사이)
yì bēi (一杯, 한 잔) yì nián (一年, 일 년) yì běn (一本, 한 권)	yí jiàn (一件, 한 벌) yí ge (一个, 한 개)	kàn yi kàn (看一看, 좀 보다) cháng yi cháng (尝一尝, 좀 맛보다)

| 판매·서비스 기초 형용사 |

大 dà 크다　　小 xiǎo 작다　　多 duō 많다　　少 shǎo 적다

长 cháng 길다　　短 duǎn 짧다　　高 gāo 높다　　低 dī 낮다

薄 báo 얇다　　厚 hòu 두껍다　　贵 guì 비싸다　　便宜 piányi 싸다

轻 qīng 가볍다　　重 zhòng 무겁다　　快 kuài 빠르다　　慢 màn 느리다

好看 hǎokàn 예쁘다　　帅 shuài 멋지다　　好吃 hǎochī 맛있다　　好喝 hǎohē
(차, 음료 등이) 맛있다

美团点评 중국 맛집 정보 앱 '메이퇀 디엔핑(美团点评 Měituán diǎnpíng)'

'메이퇀 디엔핑'은 2015년 중국 소셜커머스 업체 '메이퇀(美团 Měituán)'과 음식점 리뷰업체 '따중 디엔핑(大众点评 Dàzhòng diǎnpíng)'이 합병되어 만들어진 사용자 위치기반 서비스 앱입니다. 메이퇀은 지역 식당, 상점, 서비스숍과 제휴를 맺고 고객에게 할인된 가격으로 각종 쿠폰을 판매하는 앱이고, 디엔핑(点评 diǎnpíng)은 '평가하다'라는 뜻으로 맛집이나 서비스숍을 검색하고, 이용 후 평가를 하는 앱입니다. 이 두 업체가 합병된 메이퇀 디엔핑은 음식점, 쇼핑, 숙박 등 생활 전반의 서비스를 더욱 편리하게 제공하는 업체가 되었습니다. 중국인들은 음식점이나 숙박시설 등 서비스 업체를 이용하기 전에 메이퇀 디엔핑에서 리뷰를 보고 쿠폰 서비스를 이용합니다. 우리의 배달 앱 같은 '메이퇀 와이마이(美团外卖 Měituán wàimài)'를 이용해 식사를 해결하는 경우도 많습니다. 메이퇀 디엔핑은 중국인뿐 아니라 중국에서 생활하는 외국인들에게도 매우 유용합니다. 게다가 한국 내 서비스도 제공하고 있습니다. 현재 다양한 한국의 요식, 숙박, 서비스 업체들이 입점해서 중국 자유 여행객(散客 sǎnkè 싼커)들에게 다양한 편의를 제공하고 있습니다. 메이퇀에 입점만 하면 싼커가 알아서 찾아온다는 말이 있을 정도로 그 마케팅 효과는 상당하다고 합니다.

(1) 따중 디엔핑 첫 화면
　　(서울로 지역 설정)

(2) ❶ 美食(미식)
　　❷ 新普网红(new 인터넷 스타)

(3) ❸ 网友点评
　　(Bistopping의 고객 평가)

🎧 03-4

제시된 단어를 활용하여 다양하게 연습해 보세요.

1.　　주어　 怎么样?　　　　　～은/는 어떻습니까?
zěnmeyàng?

那个　　　　　　　저것은 어떻습니까?
Nà ge

这个菜　　　　　　이 음식은 어떻습니까?
Zhè ge cài

这个牌子　　　　　이 브랜드는 어떻습니까?
Zhè ge páizi

2.　这个　 정도부사 　 형용사 　。　이것은 ～ ～합니다.
Zhè ge

最　　好　　　　　이것은 가장 좋습니다.
zuì　hǎo

超级　好吃　　　　이것은 엄청 맛있습니다.
chāojí　hǎochī

非常　便宜　　　　이것은 굉장히 쌉니다.
fēicháng　piányi

3. | 주어 | 是 shì | 목적어 | 。　　　　　~은/는 ~입니다.

| 我 Wǒ | 韩国人 Hánguórén | 저는 한국인입니다. |

| 他 Tā | 店长 diànzhǎng | 그는 점장입니다. |

| 这 Zhè | 提货单 tíhuòdān | 이것은 교환권입니다. |

4. 请 Qǐng | 동사 | 一下 yíxià 。　　　잠시만/좀 ~하십시오/해 주십시오.

| 等 děng | 잠시만 기다리십시오. |

| 扫 sǎo | QR코드 좀 스캔해 주십시오. |

| 确认 quèrèn | 확인 좀 해 주십시오. |

🎧 03-5

새 단어

- 牌子 páizi 몡 상표, 브랜드
- 店长 diànzhǎng 몡 점장, 매니저
- 提货单 tíhuòdān 몡 교환권, 인수증, 출고증

- 扫 sǎo 동 (QR코드를) 스캔하다
- 确认 quèrèn 동 확인하다

STEP 6 실전 상황 연습

제시된 단어를 빈칸에 넣어 상황 연습을 해 보세요.

1.

A (주어)	B (목적어)	C (주어)
① 당신 : 你 nǐ	한국인 : 韩国人 Hánguórén	나 : 我 wǒ
② 그 : 他 tā	점장 : 店长 diànzhǎng	그 : 他 tā
③ 이것 : 这 (个) zhè (ge)	신상품 : 新款 xīnkuǎn	그것 : 那 (个) nà(ge)

A: ＿＿＿A＿＿＿ 是 ＿＿＿B＿＿＿ 吗?
　　　　　　　shì　　　　　　　ma

B: ＿＿＿C＿＿＿ 不是＿＿＿B＿＿＿ 。
　　　　　　　bú shì

2.

A (주어)	B (정도부사)	C (형용사)	D (동사)
① 이것 : 这个 zhè ge	정말 : 真 zhēn	예쁘다 : 漂亮 piàoliang	입어 보다 : 试 shì
② 이 음식 : 这个菜 zhè ge cài	굉장히 : 非常 fēicháng	맛있다 : 好吃 hǎochī	맛보다 : 尝 cháng
③ 이 마스크팩 : 这个面膜 zhè ge miànmó	상당히 : 挺~的 tǐng~de	좋다 : 好 hǎo	써 보다 : 用 yòng

职员 : ＿＿＿A＿＿＿ 怎么样? ＿＿＿B＿＿＿ ＿＿＿C＿＿＿ !
　　　　　　　　　zěnmeyàng?

顾客 : 是吗?
　　　　Shì ma?

职员 : 是的。请您 ＿＿＿D＿＿＿ 一下。
　　　　Shì de. Qǐng nín　　　　　yíxià.

회화 완전 정복

1. 문장을 듣고 운모 위에 성조 표시를 하고 한국어로 해석해 보세요. 🎧 03-6

① Zhe ge zenmeyang? :

② Zhe shi xinkuan ma? :

2. 문장을 듣고 빈칸에 들어갈 단어를 한어병음이나 한자로 써 보세요. 🎧 03-7

① 那个_____贵_____。 (저것은 너무 비쌉니다.)

② 我_____韩国人。 (저는 한국 사람입니다.)

③ _____您等_____。 (잠깐만 기다리세요.)

3. 다음 단어를 이용하여 형용사 술어문을 다양한 형식으로 만들어 보세요.

A (정도부사)	B (형용사)
很 hěn 매우 非常 fēicháng 굉장히 不太 bútài 별로	好 hǎo 좋다 贵 guì 비싸다 多 duō 많다

일반의문문 : 这个____B____吗? → 긍정문 : 这个____A____B____。

정반의문문 : 这个____B____不____B____? → 부정문 : 这个不____B____。

4. 주어진 단어들을 어순에 맞게 배열하여 한 문장으로 만들어 보세요.

① 是 / 新款 / 吗 / 这 (이거 신상품이에요?)

➡ _____

② 这个 / 怎么样 / 牌子 (이 브랜드 어때요?)

➡ _____

③ 您 / 一下 / 请 / 试 (입어 보세요.)

➡ _____

您穿多大号的?

Nín chuān duō dà hào de?

당신은 어떤 사이즈를 입으십니까?

회화를 듣고 회화 내용과 일치하면 V, 일치하지 않으면 X표시를 하세요.

1. 顾客穿小号的。　　　　　（　　　　）

2. 这儿有试衣间。　　　　　（　　　　）

🎧 04-2

새 단어

- □ 穿 chuān 통 입다, 신다
- □ 多 duō 의 얼마나
- □ 大 dà 형 크다 (사이즈가)
- □ 号 hào 명 ~호, 사이즈
- □ 有 yǒu 통 가지고 있다
- □ 中号 zhōnghào 명 M사이즈
- □ 小号 xiǎohào 명 S사이즈

- □ 的 de 조 ~의, ~한 것
- □ 试衣间 shìyījiān 명 피팅룸
- □ 在 zài 통 ~에 있다
- □ 哪儿 nǎr 의 어디
- □ 当然 dāngrán 형 당연하다
- □ 给 gěi 통 주다

职员　您穿多^①大号的?
　　　Nín chuān duō dà hào de?

顾客　中号。
　　　Zhōnghào.

职员　这是中号的。
　　　Zhè shì zhōnghào de.

顾客　试衣间在^④哪儿^{②③}?
　　　Shìyījiān zài nǎr?

职员　在那边。
　　　Zài nàbiān.

- -

顾客　这件太小了。有^⑤大号的吗?
　　　Zhè jiàn tài xiǎo le. Yǒu dàhào de ma?

职员　当然有。给您。
　　　Dāngrán yǒu. Gěi nín.

생생 해석

직원	고객님은 어떤 사이즈를 입으십니까?
고객	M사이즈요.
직원	이것이 M사이즈입니다.
고객	피팅룸은 어디에 있어요?
직원	저쪽에 있습니다.

고객	이거 너무 작은데요. L사이즈 있어요?
직원	당연히 있죠. 여기 있습니다.

1 의문사 多

多(duō)는 형용사 앞에 쓰이면 의문사로 '얼마'라는 뜻을 나타냅니다.

> 多(duō) **+ 형용사?**

- **多大?** 얼마나 사이즈가 큽니까? (나이가 얼마나 많습니까?)
  Duō dà?

- **多高?** 얼마나 키가 큽니까?
  Duō gāo?

2 장소대명사

장소대명사는 장소를 대신 가리키는 말로 주로 주어나 목적어 자리에 쓰입니다. 지시대명사 这(zhè)·那(nà)·哪(nǎ) 뒤에 '儿(ér)'이나 '边(biān, ~쪽)'을 붙이면 장소대명사가 됩니다.

	장소대명사	예문
여기 (이쪽)	这儿(= 这边) zhèr (zhèbiān)	这儿很好。 이곳은 좋습니다. Zhèr hěn hǎo.
거기/저기 (그쪽/저쪽)	那儿(= 那边) nàr (nàbiān)	那儿不好。 그곳은 좋지 않습니다. Nàr bù hǎo.
어디(어느 쪽)	哪儿(= 哪边) nǎr (nǎbiān)	哪儿最好? 어느 곳이 가장 좋습니까? Nǎr zuì hǎo?

③ 儿化

음절 끝에 '儿(ér)'을 붙여 음을 변화시키는 것을 '儿化(érhuà)'라고 합니다. 한자 뒤에는 '儿'을 붙이고 병음을 표시할 때는 'r'만 덧붙여 표기합니다. 儿化는 보통 다음과 같은 이유에서 합니다.

① 의미 변별을 위해

- 头 tóu 머리   →   头儿 tóur 우두머리
- 那 nà 그   →   那儿 nàr 거기

② 품사 변별을 위해

- 画 huà 그리다 (동사)   →   画儿 huàr 그림 (명사)
- 盖 gài 덮다 (동사)   →   盖儿 gàir 뚜껑 (명사)

③ 작고 귀엽고 친숙한 느낌을 주기 위해

- 花 huā 꽃   →   花儿 huār 꽃
- 一点 yìdiǎn 조금   →   一点儿 yìdiǎnr 조금

④ 在자 술어문(존재문)

在(zài)는 '~에 있다'라는 뜻의 동사로 존재를 나타냅니다. 특정한 사물, 사람이 어떤 장소에 존재한다고 할 때 사용합니다.

	형식	예문
긍정문	주어 + 在 + 목적어 (특정 사물/사람) (장소)	我在家。 저는 집에 있어요. Wǒ zài jiā.
부정문	주어 + 不在 + 목적어 (특정 사물/사람) (장소)	我不在家。 저는 집에 없어요. Wǒ bú zài jiā.

5 有자 술어문

有(yǒu)는 '~을 가지고 있다'라는 뜻의 동사로, 소유나 존재를 나타냅니다. 부정형은 앞에 没(méi)를 붙입니다.

① 소유문

	형식		예문
긍정문	주어 + 有 + 목적어	(사람) (사람/사물)	我有钱。 저는 돈이 있습니다. Wǒ yǒu qián.
부정문	주어 + 没有 + 목적어	(사람) (사람/사물)	我没有钱。 저는 돈이 없습니다. Wǒ méiyǒu qián.

② 존재문

	형식		예문
긍정문	주어 + 有 + 목적어	(특정 장소) (불특정한 사람/사물)	这儿有洗手间。 여기는 화장실이 있습니다. Zhèr yǒu xǐshǒujiān.
부정문	주어 + 没有 + 목적어	(특정 장소) (불특정한 사람/사물)	这儿没有洗手间。 여기는 화장실이 없습니다. Zhèr méiyǒu xǐshǒujiān.

6 방위사

방위를 나타내는 명사를 '방위사'라고 합니다.

上边 (儿) 위쪽 shàngbian(r)	里边 (儿) 안쪽 lǐbian(r)	前边 (儿) 앞쪽 qiánbian(r)	旁边 (儿) 옆쪽 pángbiān(r)
下边 (儿) 아래쪽 xiàbian(r)	外边 (儿) 바깥쪽 wàibian(r)	后边 (儿) 뒤쪽 hòubian(r)	对面 (儿) 맞은편 duìmiàn(r)
左边 (儿) 왼쪽 zuǒbian(r)	右边 (儿) 오른쪽 yòubian(r)		

| 판매·서비스 장소 명사 |

백화점이나 면세점의 '~코너'는 '~柜台(guìtái)'라고 말하며, '~가게'는 '~店(diàn)'이라고 말합니다. 층은 '楼(lóu)' 또는 '层(céng)'이라고 말합니다.

10층 十楼 shí lóu	식당 餐厅 cāntīng		커피숍 咖啡厅 kāfēitīng
9층 九楼 jiǔ lóu	기념품/캐릭터 상품 纪念品 jìniànpǐn /卡通商品 kǎtōngshāngpǐn	담배/주류 香烟 xiāngyān /酒类 jiǔlèi	선글라스 太阳镜 tàiyángjìng
8층 八楼 bā lóu	면세점 免税店 miǎnshuìdiàn	고객센터 客户服务室 kèhù fúwùshì	비상구 紧急出口 jǐnjí chūkǒu
7층 七楼 qī lóu	인테리어 장식품 装饰摆件 zhuāngshì bǎijiàn	택스리펀드 退税 tuìshuì	사은품 증정장소 赠品领取处 zèngpǐn língqǔchù
6층 六楼 liù lóu	아동복/유아복 童装 tóngzhuāng /婴儿装 yīng'érzhuāng	가정용품 家庭用品 jiātíngyòngpǐn	전자 제품/디지털 제품 电子产品 diànzǐ chǎnpǐn /数码产品 shùmǎ chǎnpǐn
5층 五楼 wǔ lóu	남성복 男装 nánzhuāng	스포츠웨어 运动装 yùndòngzhuāng	골프웨어 高尔夫服饰 gāo'ěrfū fúshì
4층 四楼 sì lóu	영캐주얼 青春休闲装 qīngchūn xiūxiánzhuāng	신발 鞋类 xiélèi	가방 包类 bāolèi
3층 三楼 sān lóu	여성복 女装 nǚzhuāng	잡화/액세서리 时尚杂货 shíshàng záhuò /配饰 pèishì	속옷 内衣 nèiyī
2층 二楼 èr lóu	수입명품/럭셔리 패션 进口名牌 jìnkǒu míngpái /奢侈时装 shēchǐ shízhuāng	고객 휴게실 顾客休息室 gùkè xiūxishì	화장실 洗手间 xǐshǒujiān
1층 一楼 yī lóu	안내데스크 咨询台 zīxúntái	화장품/향수 化妆品 huàzhuāngpǐn /香水 xiāngshuǐ	주얼리/시계 珠宝 zhūbǎo /腕表 wànbiǎo
지하 1층 地下一楼 dìxià yī lóu	물품보관소/셀프 물품보관소 物品保管处 wùpǐn bǎoguǎnchù /自助储物柜 zìzhù chǔwùguì	식품관 食品馆 shípǐnguǎn	푸드코트 美食城 měishíchéng
지하 2층 地下二楼 dìxià èr lóu	주차장 停车场 tíngchēchǎng	지하철역 地铁站 dìtiězhàn	엘리베이터/에스컬레이터 电梯 diàntī /自动扶梯 zìdòng fútī

| 국내 숙박시설 |

신라호텔	롯데호텔	웨스틴조선호텔
新罗酒店 Xīnluó jiǔdiàn	乐天酒店 Lètiān jiǔdiàn	威斯汀朝鲜酒店 Wēisītīng cháoxiǎn jiǔdiàn
그랜드워커힐호텔	그랜드하얏트호텔	인터컨티넨탈호텔
华克山庄酒店 Huákèshānzhuāng jiǔdiàn	凯悦酒店 Kǎiyuè jiǔdiàn	洲际酒店 Zhōujì jiǔdiàn
JW메리어트호텔	그랜드힐튼호텔	그랜드앰배서더호텔
JW万豪酒店 JWwànháo jiǔdiàn	希尔顿酒店 Xī'ěrdùn jiǔdiàn	大使酒店 Dàshǐ jiǔdiàn
더플라자호텔	임페리얼팰리스서울호텔	반얀트리클럽앤스파서울
广场大酒店 Guǎngchǎng dàjiǔdiàn	首尔帝宫酒店 Shǒu'ěrdìgōng jiǔdiàn	首尔悦榕俱乐部温泉酒店 Shǒu'ěr yuèróngjùlèbùwēnquán jiǔdiàn

리조트	에어비앤비	게스트하우스	홈스테이
度假村 dùjiàcūn	爱彼迎 àibǐyíng	宾馆 bīnguǎn	寄宿家庭 jìsùjiātíng

淘 중국 최대 온라인 쇼핑몰 '타오바오(淘宝 Táobǎo)'

'타오바오(淘宝 Táobǎo)'는 알리바바 그룹(阿里巴巴集团 Ālǐbābā jítuán)이 2003년에 설립한 중국 최대 온라인 쇼핑몰입니다. 타오바오에 매일 업데이트되는 상품 건수는 8억 건이며, 분당 평균 4만 8천 건의 상품이 판매되고 있습니다. 중국 C2C 시장점유율이 80%를 넘고 해외 이용고객도 많아 명실상부 세계 최대 온라인 쇼핑몰의 자리에 올랐습니다. 타오바오는 일명 '개미지옥'으로 불립니다. 없는 상품이 없고, 가성비 좋은 상품이 많아서 타오바오 쇼핑에 한번 빠지면 쉽게 헤어나올 수 없기 때문입니다. 중국어가 익숙하지 않은 분들이라면 크롬으로 접속 후 번역 기능을 켜 보세요. 상품 검색을 훨씬 더 편하게 할 수 있습니다. 상품을 구매할 때는 상품 검색을 하고 판매량(销量 xiāoliàng)이나 신용도(信用 xìnyòng)로 상품 정렬을 한 뒤 선택하는 게 좋습니다. 구매 전 판매자와 상담을 통해 상품에 대한 정보를 물어볼 수도 있고, 가격 흥정도 가능합니다. 타오바오의 유명 판매자들이 진행하는 라이브 방송(淘宝直播 Táobǎo zhíbō)도 구매 결정에 도움이 됩니다. 유명 판매자(淘宝达人 Táobǎo dárén)들은 소비자들과 직접 소통함으로써 상품에 대한 신뢰를 높이고 이를 통해 높은 판매량을 누리고 있습니다. 현재 이 라이브 커머스는 10만 명 이상의 동시 접속자를 기록하기도 하는 등 새로운 판매·구매 트렌드로 떠오르고 있습니다. 상품 결제는 알리페이(支付宝 Zhīfùbǎo) 시스템을 이용합니다. 알리페이를 이용하기 위해서는 중국 내 은행에서 계좌를 개설한 후 알리페이 계정과 연동(绑定支付宝 bǎngdìng zhīfùbǎo)해야 합니다. 해외 이용자의 경우 알리페이 간단 비밀번호를 설정한 뒤 해외 결제가 가능한 체크카드나 신용카드를 연동하여 결제할 수 있습니다. 해외 구매자들은 결제나 배송 등 불편한 점이 많기 때문에 구매대행 사이트를 통해 구매하기도 합니다.

(1) 타오바오 첫 화면

(2) 샤오미 스마트워치
(小米智能手表 Xiǎomǐ
zhìnéng shǒubiǎo) 검색

(3) 판매량(销量 xiāoliàng)
1위 샤오미 스마트워치

🎧 04-5

제시된 단어를 활용하여 다양하게 연습해 보세요.

1. 您有 목적어 吗?
Nín yǒu　　　　ma

당신은 ~을/를 가지고 있습니까?

会员卡
huìyuánkǎ

당신은 회원카드를 가지고 있습니까?

我没有 목적어 。
Wǒ méiyǒu

저는 ~이/가 없습니다.

会员卡
huìyuánkǎ

저는 회원카드가 없습니다.

2. 장소 有 목적어 吗?
　　　　yǒu　　　ma

~에는 ~이/가 있습니까?

这儿　　洗手间
Zhèr　　xǐshǒujiān

이곳에는 화장실이 있습니까?

附近　　星巴克
Fùjìn　　Xīngbākè

근처에는 스타벅스가 있습니까?

장소 没有 목적어 。
　　méiyǒu

~에는 ~이/가 없습니다.

这儿　　洗手间
Zhèr　　xǐshǒujiān

이곳에는 화장실이 없습니다.

附近　　星巴克
Fùjìn　　Xīngbākè

근처에는 스타벅스가 없습니다.

3. 주어 **在哪儿?**
zài nǎr?

~은/는 어디에 있습니까?

洗手间
Xǐshǒujiān

화장실은 어디에 있습니까?

客户服务室
Kèhù fúwùshì

고객센터는 어디에 있습니까?

주어 **在** 장소 。
zài

~은/는 ~에 있습니다.

洗手间   二楼
Xǐshǒujiān   èr lóu

화장실은 2층에 있습니다.

客户服务室   八楼
Kèhù fúwùshì bā lóu

고객센터는 8층에 있습니다.

4. 我 동사 사이즈 。
Wǒ

저는 ~사이즈를 ~합니다.

要   最小号的
yào   zuìxiǎo hào de

저는 가장 작은 사이즈를 원합니다.

穿   三十六号的
chuān   sānshíliù hào de

저는 36(신발 사이즈)을 신습니다.

🎧 04-6

새 단어

□ 会员卡 huìyuánkǎ 몡 회원카드
□ 洗手间 xǐshǒujiān 몡 화장실
□ 附近 fùjìn 몡 근처
□ 星巴克 Xīngbākè 고유 스타벅스

□ 楼 lóu 몡 층, 건물
□ 客户服务室 kèhù fúwùshì 몡 고객센터
□ 最小号 zuìxiǎohào 가장 작은 사이즈

실전 상황 연습

그림을 보고 상황에 맞는 표현을 빈칸에 넣어 연습해 보세요.

顾客 : 这件 _____ , 有 _____ 吗？
　　　 Zhè jiàn 　　　　　　　yǒu 　　　　　　ma?

职员 : _____ 。

제시된 단어를 빈칸에 넣어 상황 연습을 해 보세요.

1.

A (목적어)	B (목적어의 유무)
① 냅킨 : 餐巾纸 cānjīnzhǐ	있습니다. 여기 있습니다. : 有，给您。 Yǒu, gěi nín.
② 뜨거운 물 : 热水 rèshuǐ	있습니다. 잠시만 기다리세요. : 有，请等一下。 Yǒu, qǐng děng yíxià.
③ 다른 것 : 别的 biéde	없습니다. 정말 죄송합니다. : 没有。真不好意思。 Méyǒu. Zhēn bù hǎoyìsi.

顾客 : 你好，有_____A_____吗？　　　职员 : _____B_____。
　　　 Nǐ hǎo, yǒu　　　　　　　　　 ma?

2.

A (시설)	B (위치)
① 약국 : 药店 yàodiàn	1층 : 一楼 yī lóu
② 물품보관소 : 物品保管处 wùpǐn bǎoguǎnchù	지하 1층 : 地下一楼 dìxià yī lóu

顾客 : 这儿有_____A_____吗？
　　　 Zhèr yǒu　　　　　 ma?

职员 : 有。
　　　 Yǒu.

顾客 : _____A_____在哪儿？
　　　　　　　　　　 zài nǎr

职员 : _____A_____在_____B_____。
　　　　　　　　　 zài

1. 문장을 듣고 운모 위에 성조 표시를 하고 한국어로 해석해 보세요.　　　🎧 04-7

　① Nin chuan duo da hao de? :

　② Shiyijian zai nar? :

2. 문장을 듣고 빈칸에 들어갈 단어를 한어병음이나 한자로 써 보세요.　　　🎧 04-8

　① 这_____中号_____。(이것이 M사이즈입니다.)

　② 洗手间在_____? (화장실은 어디에 있나요?)

3. 다음 단어를 이용하여 有자 술어문과 在자 술어문을 다양한 형식으로 만들어 보세요.

A(장소 명사)	B(위치)
咖啡厅 kāfēitīng 커피숍 顾客休息室 gùkè xiūxishì 고객휴게실	前边儿 qiánbianr 앞 对面 duìmiàn 맞은편 七楼 qī lóu 7층

일반의문문 : 这儿有____A____吗?　→　긍정문: 这儿有____A____。

정반의문문 : 这儿有没有____A____?　→　부정문: 这儿没有____A____。

의문사의문문: ____A____在哪儿?　→　긍정문: ____A____在____B____。

4. 주어진 단어들을 어순에 맞게 배열하여 한 문장으로 만들어 보세요.

　① 在 / 客户服务室 / 八楼　(고객센터는 8층에 있습니다.)
　➡ _____

　② 大号 / 的 / 吗 / 有 (L사이즈 있습니까?)
　➡ _____

　③ 大 / 你 / 多 / 号 / 的 / 穿　(당신은 어떤 사이즈를 입으세요?)
　➡ _____

您喜欢什么颜色?

Nín xǐhuan shénme yánsè?

당신은 무슨 색을 좋아하십니까?

회화를 듣고 회화 내용과 일치하면 V, 일치하지 않으면 X표시를 하세요.

1. 今年流行深蓝色。　　　（　　　　）

2. 黑色非常适合顾客。　　　（　　　　）

🎧 05-2

새 단어

- 酒红色 jiǔhóngsè 몡 와인색
- 适合 shìhé 통 어울리다
- 别的 biéde 때 다른 것
- 颜色 yánsè 몡 색깔
- 还 hái 튀 또, 더 (지정된 범위에서 증가함을 나타냄)
- 黑色 hēisè 몡 검은색
- 灰色 huīsè 몡 회색
- 和 hé 젭 ~와, ~과, 그리고 (단어나 구의 연결)
　　　개 ~와, ~에게 (동작의 대상을 나타냄)

- 深蓝色 shēnlánsè 몡 남색
- 喜欢 xǐhuan 통 좋아하다
- 给 gěi 개 ~에게
- 今年 jīnnián 몡 올해
- 流行 liúxíng 통 유행하다
- 帅 shuài 혱 멋지다
- 照 zhào 통 (거울 따위에) 비추다
- 镜子 jìngzi 몡 거울
- 合适 héshì 혱 알맞다, 적당하다

顾客　　酒红色不太适合^①我。有别的颜色吗？
　　　　Jiǔhóngsè bútài shìhé wǒ. Yǒu biéde yánsè ma?

职员　　还有黑色、灰色和深蓝色。您喜欢什么^②颜色？
　　　　Hái yǒu hēisè、huīsè hé shēnlánsè. Nín xǐhuan shénme yánsè?

顾客　　给^③我看一下黑色的^④大衣。
　　　　Gěi wǒ kàn yíxià hēisè de dàyī.

职员　　好的。今年流行黑色。
　　　　Hǎo de. Jīnnián liúxíng hēisè.

- -

职员　　非常帅！您照一下镜子。
　　　　Fēicháng shuài! Nín zhào yíxià jìngzi.

顾客　　挺合适^①。我买这件吧。
　　　　Tǐng héshì. Wǒ mǎi zhè jiàn ba.

생생 해석

고객	와인색은 저한테 별로 어울리지 않아요. 다른 색깔 있어요?
직원	검은색, 회색, 남색도 있습니다. 무슨 색을 좋아하십니까?
고객	검은색 코트를 좀 보여 주세요.
직원	알겠습니다. 올해는 검은색이 유행입니다.

직원	굉장히 멋지시네요! 거울에 비춰 보십시오.
고객	딱 맞네요. 이걸로 살게요.

1 适合와 合适

두 단어는 뜻과 형태가 비슷하여 헷갈리는 단어이지만 품사를 기억하면 구별하기 쉽습니다. 适合(shìhé, 어울리다)는 동사로 뒤에 목적어가 올 수 있지만, 合适(héshì, 알맞다)는 형용사로 뒤에 목적어가 올 수 없습니다.

단어	품사	예문
适合 shìhé	동사	这个适合你。(○) 이것은 당신에게 잘 어울립니다. Zhè ge shìhé nǐ.
合适 héshì	형용사	这个合适你。(×) Zhè ge héshì ni. 这个和你很合适。(○) 이것은 당신에게 잘 맞습니다. Zhè ge hé nǐ hěn héshì.

2 의문사 什么

什么(shénme)는 '무엇'이란 뜻의 의문사로 주어나 목적어 자리에 옵니다. 명사 앞에서 수식어로 쓰이면 '무슨'이란 뜻이 됩니다.

- 你喜欢什么？ 당신은 무엇을 좋아합니까?
  Nǐ xǐhuan shénme?

- 你喜欢什么颜色？ 당신은 무슨 색을 좋아합니까?
  Nǐ xǐhuan shénme yánsè?

- 这儿有什么？ 여기에는 무엇이 있습니까?
  Zhèr yǒu shénme?

- 这儿有什么好吃的？ 여기에는 어떤 맛있는 것이 있습니까?(여기 뭐가 맛있어요?)
  Zhèr yǒu shénme hǎochī de?

③ 개사 给

개사(介词 jiècí)는 전치사라고도 말하며, 명사와 함께 짝을 이루어(개사구) 사용됩니다. 개사구는 술어 앞에 쓰여 동작의 장소, 대상, 목적, 이유, 방식 등을 나타냅니다. 개사 给(gěi)는 '~에게'란 뜻으로 대상을 나타내는 명사와 함께 쓰입니다.

```
                     개사구
        주어 +  개사 + 명사  + 술어(동사)
                给      대상
                gěi
```

- 我给你看别的。 제가 당신에게 다른 것을 보여 드리겠습니다.
  Wǒ gěi nǐ kàn biéde.

- 我给你拿新的。 제가 당신에게 새것을 가져다 드리겠습니다.
  Wǒ gěi nǐ ná xīn de.

④ 구조조사 的

구조조사는 단어나 단어 혹은 구와 단어를 연결시켜주는 역할을 합니다. 구조조사 的(de)는 '~의', '~한'이란 뜻으로 수식어(한정어)와 명사를 연결시켜주는 역할을 합니다. 친족·소속 관계일 때는 的를 생략할 수 있습니다. 的 뒤의 명사를 생략하면 '~한 것'이란 뜻으로 해석됩니다.

```
        수식어 + 的(de) + 명사
```

的 생략 불가	→	的 뒤의 명사 생략 가능	的 생략 가능
我的衣服 wǒ de yīfu 내 옷	→	我的 wǒ de 내 것	我(的)朋友 wǒ (de) péngyou 내 친구
我买的衣服 wǒ mǎi de yīfu 내가 산 옷	→	我买的 wǒ mǎi de 내가 산 것	我们(的)公司 wǒmen (de) gōngsī 우리 회사
好看的衣服 hǎokàn de yīfu 예쁜 옷	→	好看的 hǎokàn de 예쁜 것	

| 색깔 |

빨간색	주황색	노란색	초록색
红色 hóngsè	橙色 chéngsè	黄色 huángsè	绿色 lùsè
파란색	남색	보라색	연두색
蓝色 lánsè	深蓝色 shēnlánsè	紫色 zǐsè	淡绿色 dànlùsè
하늘색	분홍색	흰색	검은색
天蓝色 tiānlánsè	粉色 fěnsè	白色 báisè	黑色 hēisè
회색	카키색	베이지색	갈색
灰色 huīsè	卡其色 kǎqísè	米色 mǐsè	棕色 zōngsè
금색	은색	파스텔톤	비비드한 톤
金色 jīnsè	银色 yínsè	粉彩色系 fěncǎisèxì	原色系 yuánsèxì

小红书
全世界的好东西

커뮤니티형 전자상거래 플랫폼 '샤오훙슈(小红书 Xiǎohóngshū)'

'샤오훙슈(小红书 Xiǎohóngshū)'는 2013년에 개발된 소셜 네트워크 서비스(SNS) 기능과 온라인 쇼핑몰을 결합한 앱입니다. 2018년 5월을 기준으로 샤오훙슈의 이용자 수는 1억 명을 돌파했고 하루 평균 라이브 사용자 700만 명, 월간 활성 이용자 3000만 명에 도달할 만큼 중국 내 입소문을 타고 폭발적인 인기를 끌면서 중국 최대의 커뮤니티형 전자상거래 플랫폼 대표로 성장했습니다. 샤오훙슈는 중국인들이 해외에서 구매한 상품과 각종 정보를 활용해 직접 콘텐츠(UGC)를 제작해서 공유하고 판매까지 하는 플랫폼입니다. 즉 인스타그램, 유튜브, 타오바오가 결합된 형태라고 할 수 있습니다. 샤오훙슈의 공유 섹션 중 가장 강세를 보이는 것은 역시 화장품 및 뷰티 섹션이며, 현재 중국에서 가장 핫한 뷰티 앱이라고 할 수 있습니다. 검색창에 제품명을 입력하면 관련 후기들이 나오고, 제품 후기를 보기 위해 사진을 누르면 제품명이 나옵니다. 글을 올린 사람이 샤오훙상점(小红商城 Xiǎohóng shāngchéng)을 운영하고 있는 경우 제품명을 누르면 바로 구매창으로 넘어갑니다. 그렇지 않은 경우 콘텐츠 밑에 '갖고 싶다'는 댓글이 달리고, 거기에 중국 보따리상 '따이궁(代工 dàigōng)'들이 한국 방문 시기, 가격과 배송 방법, 제품 정보 등을 댓글로 남기며 앞다퉈 거래 글을 올립니다. 국내 면세점에 가면 따이궁들이 장사진을 치고 있는데, 대부분은 계속 핸드폰을 보며 사진을 확인하고 판매자에게 제품의 유무를 묻습니다. 이들 중 상당수는 샤오훙슈로 인해 유입된 따이궁일 것입니다. 따이궁의 구매가 국내 면세점, 백화점의 매출에 막대한 영향을 주고 있는 만큼 판매업에 종사하고 있는 분들은 샤오훙슈를 반드시 눈여겨 봐야 할 것 같습니다.

(1) 샤오훙슈의 색조화장
(彩妆) 섹션

(2) 뷰티 샤오훙슈 다런
(小红书达人
Xiǎohóngshū dárén
샤오훙슈 셀럽)의 페이지

(3) 다런의 제품 후기와
상품 정보

🎧 05-4

제시된 단어를 활용하여 다양하게 연습해 보세요.

1. 这是什么 [명사] ？
   Zhè shì shénme

   이것은 무슨 ~입니까?

   菜
   cài

   이것은 무슨 음식입니까?

   酒
   jiǔ

   이것은 무슨 술입니까?

   您要什么 [명사] ？
   Nín yào shénme

   당신은 무슨 ~을/를 원하십니까?

   菜
   cài

   당신은 무슨 음식을 원하십니까?

   酒
   jiǔ

   당신은 무슨 술을 원하십니까?

2. 这是 [수식어] 的 [목적어] ？
   Zhè shì   de

   이것은 ~의/한 ~입니까?

   谁   护照
   shéi   hùzhào

   이것은 누구의 여권입니까?

   流行   款式吗
   liúxíng   kuǎnshì ma

   이것은 유행하는 디자인입니까?

   我要 [수식어] 的 [목적어] 。
   Wǒ yào   de

   저는 ~의/한 ~을/를 원합니다.

   新出   手机
   xīnchū   shǒujī

   저는 새로 나온 핸드폰을 원합니다.

   很大   河景房
   hěn dà   héjǐngfáng

   저는 큰 리버뷰 룸을 원합니다.

3. 我给你 [동사] [목적어] 。
   Wǒ gěi nǐ

   제가 당신에게 ~을/를 ~해 드리겠습니다.

看 kàn	别的 biéde	제가 당신에게 다른 것을 보여 드리겠습니다.
拿 ná	菜单 càidān	제가 당신에게 메뉴판을 가져다 드리겠습니다.
拿 ná	小一号的 xiǎo yíhào de	제가 당신에게 한 사이즈 더 작은 것을 가져다 드리겠습니다.

4. 我 [동사] [색깔] 的 [목적어] 。
   Wǒ   de

   저는 ~색깔의 ~을 ~합니다.

喜欢 xǐhuan	黑色 hēisè	帽子 màozi	저는 검은색 모자를 좋아합니다.
要 yào	白色 báisè	电子烟 diànzǐyān	저는 흰색 전자담배를 원합니다.
购买 gòumǎi	粉色 fěnsè	洁面仪 jiémiànyí	저는 분홍색 진동클렌저를 구입합니다.

🎧 05-5

새 단어

- □ 酒 jiǔ 몡 술
- □ 谁 shéi 떼 누구
- □ 护照 hùzhào 몡 여권
- □ 款式 kuǎnshì 몡 디자인, 스타일
- □ 新出 xīnchū 새로 나오다
- □ 手机 shǒujī 몡 핸드폰
- □ 河景房 héjǐngfáng 몡 리버뷰 룸(호텔이나 레스토랑의 룸)
- □ 拿 ná 동 가져오다(가져가다)
- □ 帽子 màozi 몡 모자
- □ 电子烟 diànzǐyān 몡 전자담배
- □ 购买 gòumǎi 동 구입(구매)하다
- □ 洁面仪 jiémiànyí 몡 진동클렌저

실전 상황 연습

그림을 보고 상황에 맞는 표현을 빈칸에 넣어 연습해 보세요.

A (색깔)	B (다른 색깔 유무)
① 흰색 : 白色 báisè	회색, 검은색도 있습니다 : 还有灰色、黑色。 Hái yǒu huīsè, hēisè.
② 초록색 : 绿色 lǜsè	죄송합니다만, 다른 색은 없습니다 : 不好意思，没有别的颜色。 Bù hǎoyìsi, méiyǒu biéde yánsè.

职员 ：您喜欢什么颜色？
　　　　Nín xǐhuan shénme yánsè?

顾客 ：我喜欢＿＿＿＿A＿＿＿＿。
　　　　Wǒ xǐhuan

职员 ：这是＿＿＿＿A＿＿＿＿的，请您试一下。
　　　　Zhè shì　　　　　　de,　　qǐng nín shì yíxià.

顾客 ：＿＿＿＿A＿＿＿＿ 不太适合我，有别的颜色吗？
　　　　　　　　　　　　bútài shìhé wǒ, yǒu biéde yánsè ma?

职员 ：＿＿＿＿B＿＿＿＿。

제시된 단어를 빈칸에 넣어 상황 연습을 해 보세요.

A (목적어)	B (목적어 유무)
① 샘플 : 小样 xiǎoyàng	죄송하지만 없습니다 : 对不起，没有。 Duìbuqǐ, méiyǒu.
② 중국어 메뉴판 : 中文菜单 　　　　　　　　zhōngwén càidān	있습니다. 여기 있습니다 : 有。给您。 Yǒu. Gěi nín.

顾客 ：有＿＿＿A＿＿＿吗？　　　　职员 ：＿＿＿B＿＿＿。
　　　　Yǒu　　　　　　ma

1. 문장을 듣고 운모 위에 성조 표시를 하고 한국어로 해석해 보세요. 🎧 05-6

① Nin xihuan shenme yanse? :

② You biede yanse ma? :

2. 문장을 듣고 빈칸에 들어갈 단어를 한어병음이나 한자로 써 보세요. 🎧 05-7

① 这是＿＿＿＿＿菜？ (이것은 무슨 요리입니까?)

② 这是＿＿＿＿＿的护照？ (이것은 누구의 여권입니까?)

③ 我要很大＿＿＿＿＿河景房。 (저는 아주 큰 리버뷰 룸을 원합니다.)

3. 구조조사 的를 이용하여 다음 한국어를 중국어로 바꿔 보세요.

① 나의 코트 ➡ ＿＿＿＿＿＿＿＿＿＿＿

② 내가 산 코트 ➡ ＿＿＿＿＿＿＿＿＿＿＿

③ 아주 예쁜 코트 ➡ ＿＿＿＿＿＿＿＿＿＿＿

④ 내 것 ➡ ＿＿＿＿＿＿＿＿＿＿＿

⑤ 내가 산 것 ➡ ＿＿＿＿＿＿＿＿＿＿＿

4. 주어진 단어들을 어순에 맞게 배열하여 한 문장으로 만들어 보세요.

① 要 / 手机 / 新出 / 我 / 的 (저는 새로 나온 핸드폰을 원합니다.)
➡ ＿＿＿＿＿＿＿＿＿＿＿＿＿＿＿＿＿

② 酒红色 / 不太 / 我 / 适合 (와인색은 저한테 별로 안 어울려요.)
➡ ＿＿＿＿＿＿＿＿＿＿＿＿＿＿＿＿＿

③ 大衣 / 给我 / 看 / 的 / 一下 / 黑色 (저에게 검은색 코트를 보여 주세요.)
➡ ＿＿＿＿＿＿＿＿＿＿＿＿＿＿＿＿＿

您要几件?

Nín yào jǐ jiàn?

몇 벌이 필요하십니까?

회화를 듣고 회화 내용과 일치하면 V, 일치하지 않으면 X표시를 하세요.

1. 顾客要买基本款T恤。　　（　　　　）

2. 顾客一共买两件大衣。　　（　　　　）

🎧 06-2

새 단어

- □ **要** yào 조동 ~하려고 한다, ~할 것이다
- □ **T恤** Txù 명 티셔츠
- □ **基本** jīběn 형 기본의, 기본적인
- □ **几** jǐ 의 몇
- □ **就** jiù 부 곧, 바로
- □ **行** xíng 형 좋다, 괜찮다, 충분하다

- □ **蓝色** lánsè 명 파란색
- □ **一共** yígòng 부 전부 합해서
- □ **两** liǎng 수 둘
- □ **吧** ba 조 ~이지요?, ~하겠지요?
  (추측 후 확인을 나타내는 의문 어기조사)

职员   您还要^①别的吗？

Nín hái yào biéde ma?

顾客   我还要买T恤。要最基本的款式。

Wǒ hái yào mǎi Txù. Yào zuì jīběn de kuǎnshì.

职员   这是最基本的。您要几^②件^③？

Zhè shì zuì jīběn de. Nín yào jǐ jiàn?

顾客   一^④件就行。要蓝色的。

Yí jiàn jiù xíng. Yào lánsè de.

职员   您要一件黑色的大衣和一件蓝色的T恤，

Nín yào yí jiàn hēisè de dàyī hé yí jiàn lánsè de Txù,

一共两^⑤件，对吧^⑥？

yígòng liǎng jiàn, duì ba?

顾客   对。

Duì.

생생 해석

직원   고객님 더 필요하신 것 있으십니까?

고객   저는 티셔츠도 사려고 하는데요. 가장 기본 스타일로 원합니다.

직원   이것이 가장 기본 스타일입니다. 몇 벌이 필요하십니까?

고객   한 벌이면 됩니다. 파란색으로 하겠습니다.

직원   고객님은 검은색 코트 한 벌이랑 파란색 티셔츠 한 벌을 원하십니다.

모두 두 벌 맞으시죠?

고객   맞습니다.

1 조동사 要

조동사는 능원동사(能愿动词 néngyuàn dòngcí)라고도 하며, 동사 앞에 쓰여 가능, 능력, 바람, 당위성 등을 나타냅니다. 要(yào)는 의지나 당위성을 나타내는 조동사입니다. 당위성을 나타낼 때 부정형은 不要(búyào), 의지를 나타낼 때 부정형은 不想(bùxiǎng)을 사용합니다.

의미	형식	형식	예문
의지 (하려고 한다)	긍정문	주어 + 要 + 동사 + 목적어	我要买这个。 나는 이것을 사려고 합니다. Wǒ yào mǎi zhè ge.
	부정문	주어 + 不想 + 동사 + 목적어	我不想买这个。 나는 이것을 사고 싶지 않습니다. Wǒ bùxiǎng mǎi zhè ge.
당위 (해야 한다)	긍정문	주어 + 要 + 동사 + 목적어	你要买这个。 당신은 이것을 사야 합니다. Nǐ yào mǎi zhè ge.
	부정문	주어 + 不要 + 동사 + 목적어	你不要买这个。 당신은 이것을 사지 마세요. (금지) Nǐ búyào mǎi zhè ge.

2 의문사 几

几(jǐ)는 '몇'이란 뜻의 수량을 묻는 의문사입니다. 보통 10이 넘지 않는 수를 예상하고 물을 때 사용하며 뒤에는 양사가 옵니다.

几 + 양사 + 명사			
几个人 jǐ ge rén	사람 몇 명	几件衣服 jǐ jiàn yīfu	옷 몇 벌

3 양사

양사(量词 liàngcí)는 사람이나 사물의 수량을 세는 단위입니다. 중국어에서는 사람이나 사물을 셀 때 수사와 명사 사이에 반드시 양사가 필요합니다. 명사마다 어울리는 양사를 사용해야 하며, 가장 보편적으로 쓰는 양사는 '개', '명'이란 뜻의 个(ge)입니다.

수사 + 양사 + 명사			
一个人 yí ge rén	사람 한 명	一件衣服 yí jiàn yīfu	옷 한 벌

④ 숫자 말하기

0	1	2	3	4	5	6	7	8	9	10
零 líng	一 yī	二 èr	三 sān	四 sì	五 wǔ	六 liù	七 qī	八 bā	九 jiǔ	十 shí

11	12	…	20	…	99	100	천	만	억
十一 shíyī	十二 shí'èr	…	二十 èrshí	…	九十九 jiǔshíjiǔ	一百 yìbǎi	一千 yìqiān	一万 yíwàn	一亿 yíyì

⑤ 二과 两

二(èr)과 两(liǎng)은 모두 숫자 2를 표현하는 단어입니다. 二(èr)은 숫자를 셀 때 사용하며 우리말의 '이(2)'에 해당합니다. 两(liǎng)은 수량을 셀 때 사용하며 우리말의 '둘'에 해당합니다. 백 단위 이상의 숫자를 셀 때는 两(liǎng)을 씁니다.

	2	二	èr
	12	十二	shí'èr
숫자	20	二十	èrshí
	200	两百 / 二百	liǎngbǎi / èrbǎi
	2000	两千	liǎngqiān
	20000	两万	liǎngwàn
수량	两(liǎng) + 양사		
	两个(liǎng ge) 두 개 两件(liǎng jiàn) 두 벌		

⑥ 어기조사 吧

吧(ba)는 추측 후 상대에게 확인하며 묻는 느낌의 단어로, '~이지요?', '그렇지요?'라는 뜻을 나타냅니다. 같은 의문문일지라도 吗(ma)자 의문문은 문장 끝을 올리고, 吧(ba)자 의문문은 문장 끝을 내립니다.

- 对吗? ↗ 맞아요?
  Duì ma?

- 对吧? ↘ 맞지요?
  Duì ba?

양사

🎧 06-3

个 ge		개, 명 (사람, 물건)	一个面包 yí ge miànbāo (빵 한 개) 两个人 liǎng ge rén (두 사람)
件 jiàn		벌, 건 (옷, 일)	一件衣服 yí jiàn yīfu (옷 한 벌)
条 tiáo		벌 (치마, 바지)	一条裤子 yì tiáo kùzi (바지 한 벌)
套 tào		세트, 조 (양복, 다기)	两套西装 liǎng tào xīzhuāng (양복 두 벌)
副 fù		짝 (장갑, 안경)	一副眼镜 yí fù yǎnjìng (안경 한 개)
双 shuāng		켤레, 쌍 (신발, 젓가락)	一双鞋 yì shuāng xié (신발 한 켤레)
瓶 píng		병 (병에 담긴 것)	一瓶啤酒 yì píng píjiǔ (맥주 한 병)
杯 bēi		잔 (잔에 담긴 것)	一杯水 yì bēi shuǐ (물 한 잔)
包 bāo		봉지 (봉지에 담긴 것)	两包紫菜 liǎng bāo zǐcài (김 두 봉지)
碗 wǎn		그릇 (그릇에 담긴 것)	两碗米饭 liǎng wǎn mǐfàn (쌀밥 두 그릇)
块 kuài		개, 조각 (덩어리로 된 것)	两块蛋糕 liǎng kuài dàngāo (케익 두 조각)
台 tái		대 (전자제품)	一台电饭锅 yì tái diànfànguō (전기밥솥 한 대)
本 běn		권 (잡지나 책)	一本书 yì běn shū (책 한 권)
张 zhāng		장 (평평한 것)	一张票 yì zhāng piào (표 한 장)

| 시간 말하기 |

시간사 : 언제 什么时候 shénme shíhou				
早上 zǎoshang 아침	上午 shàngwǔ 오전	中午 zhōngwǔ 점심	下午 xiàwǔ 오후	晚上 wǎnshang 저녁
前天 qiántiān 그저께	昨天 zuótiān 어제	今天 jīntiān 오늘	明天 míngtiān 내일	后天 hòutiān 모레
前年 qiánnián 재작년	去年 qùnián 작년	今年 jīnnián 올해	明年 míngnián 내년	后年 hòunián 내후년

| 날짜 말하기 |

날짜 말하기			
년도	년도 묻기	今年哪年？ Jīnnián nǎ nián?	올해는 몇 년도입니까?
	2019년	二零一九年 èr líng yī jiǔ nián	숫자 뒤에 年(nián)을 붙여 말합니다.
날짜	날짜 묻기	今天几月几号？ Jīntiān jǐ yuè jǐ hào?	오늘은 몇 월 며칠입니까?
	10월 5일	10月5号 shí yuè wǔ hào	'월'은 '月(yuè)', '일'은 '号(hào)'라고 말합니다. 日(rì)는 서면어로 쓰입니다.
요일	요일 묻기	今天星期几？ Jīntiān xīngqī jǐ?	오늘은 무슨 요일입니까?
	토요일	星期六 xīngqī liù	星期(xīngqī) 뒤에 숫자를 붙여 말합니다. 일요일은 숫자 대신 天(tiān)이나 日(rì)를 사용합니다.

중국의 기념일(中国纪念日 Zhōngguó jìniànrì)

중국 관광객들은 주로 중국의 황금연휴 기간에 한국을 방문합니다. 닐슨에서 발표한 〈중국인의 해외 여행과 소비 트렌드 2017〉 통계에 따르면, 중국 관광객의 47%가 해외 여행의 목적이 쇼핑이라고 합니다. 또 非중국인이 여행 경비의 15%를 쇼핑으로 쓰는 반면, 중국인은 25%를 쇼핑에 사용한다고 합니다. 이 같은 중국인의 쇼핑 지향성 때문에 중국의 황금연휴 기간 동안 중국뿐 아니라 국내 백화점·면세점의 매출도 수직 상승합니다. 그렇다면 중국 관광객은 왜 이렇게 쇼핑을 좋아하는 것일까요? 그 이유 중 하나는 중국인들이 선물을 주고받는 것을 좋아하기 때문입니다. 중국인들은 각종 명절이나 기념일뿐 아니라 평소에도 선물을 주고받는 것을 좋아합니다. 따라서 중국 관광객이나 바이어를 상대하는 분들은 중국의 기념일과 그 명칭, 관련 문화를 알아두시면 매우 유용하게 활용할 수 있을 것입니다.

인천공항 면세점

중국 관광객이 많이 찾는 명동

음력 기념일 阴历纪念日 yīnlì jìniànrì **(중국 전통명절** 中国传统节日 Zhōngguó chuántóng jiérì)

날짜	기념일 명칭		휴일
음력 1월 1일	春节 Chūnjié	춘절(설날)	7일
음력 1월 15일	元宵节 Yuánxiāojié	원소절	–
음력 5월 5일	端午节 Duānwǔjié	단오절	1일
음력 8월 15일	中秋节 Zhōngqiūjié	중추절(추석)	1일
음력 9월 9일	重阳节/老人节 Chóngyángjié/lǎorénjié	중양절/노인절	–

양력 기념일 (阳历纪念日 yánglì jìniànrì)

날짜	기념일 명칭		휴일
1월 1일	元旦 Yuándān	신정	1일
2월 14일	情人节 Qíngrénjié	발렌타인데이	–
3월 8일	妇女节 fùnǚjié	여성의 날(부녀절)	–
4월 5일	清明节 Qīngmíngjié	청명절	1일
5월 1일	国际劳动节 Guójì láodòngjié	노동절	1일
5월 둘째 주 일요일	母亲节 Mǔqinjié	어머니의 날	–
6월 셋째 주 일요일	父亲节 Fùqinjié	아버지의 날	–
6월 1일	国际儿童节 Guójì értóngjié	어린이날(아동절)	초등학생 1일
9월 10일	教师节 jiàoshījié	스승의 날(교사절)	–
10월 1일	国庆节 Guóqìngjié	국경절	7일
11월 11일	光棍节 Guānggùnjié	솔로데이	–
12월 25일	圣诞节 Shèngdànjié	크리스마스	–

(1) 春节(춘절) 가족들과 선물을 주고받는 중국인들

(2) 光棍节(솔로데이) 광고

🎧 06-6

제시된 단어를 활용하여 다양하게 연습해 보세요.

1. 您要 [동사] 什么?
   Nín yào   shénme?

   당신은 무엇을 ～하기를 원하십니까?

   点
   diǎn

   당신은 무엇을 주문하기를 원하십니까?

   购买
   gòumǎi

   당신은 무엇을 구입하기를 원하십니까?

   我要 [동사]   [목적어]   。
   Wǒ yào

   저는 ～을/를 ～하기를 원합니다.

   点   清淡的菜
   diǎn   qīngdàn de cài

   저는 담백한 음식을 주문하기를 원합니다.

   购买   照片上的商品
   gòumǎi   zhàopiàn shang de shāngpǐn

   저는 이 사진 속의 상품을 구입하기를 원합니다.

2. 我还要 [목적어 (수사+양사+명사)] 。
   Wǒ hái yào

   저는 또 ～도 원합니다.

   一瓶香水
   yì píng xiāngshuǐ

   저는 또 향수 한 병도 원합니다.

   一块腕表
   yí kuài wànbiǎo

   저는 또 손목시계 한 개도 원합니다.

3. 您 [동사] 几 [양사] [명사] ?
   Nín   jǐ

   당신은 몇 ~을 ~하십니까?

   （是） 位
   (shì) wèi

   당신은 (일행이) 몇 분이십니까?

   来   瓶   啤酒
   lái píng píjiǔ

   당신은 맥주 몇 병을 주문하시겠습니까?

   要   碗   米饭
   yào wǎn   mǐfàn

   당신은 밥 몇 그릇을 원하십니까?

4. 我要 [수사 + 양사] [명사] 。
   Wǒ yào

   저는 명사 ~~(수량)를 원합니다.

   一双   皮鞋
   yì shuāng píxié

   저는 신발 한 켤레를 원합니다.

   两包   紫菜
   liǎng bāo zǐcài

   저는 김 두 봉지를 원합니다.

   一瓶   矿泉水
   yì píng kuàngquánshuǐ

   저는 생수 한 병을 원합니다.

🎧 06-7

새 단어

- 清淡 qīngdàn [형] 담백하다
- 照片 zhàopiàn [명] 사진
- 商品 shāngpǐn [명] 상품, 물품
- 香水 xiāngshuǐ [명] 향수
- 腕表 wànbiǎo [명] 손목시계
- 来 lái [동] 하다 (구체적인 동사를 대신하여 사용하며, 음식을 주문할 때 많이 사용함)

- 啤酒 píjiǔ [명] 맥주
- 米饭 mǐfàn [명] 쌀밥
- 紫菜 zǐcài [명] 김
- 矿泉水 kuàngquánshuǐ [명] 생수

실전 상황 연습

제시된 단어를 빈칸에 넣어 상황 연습을 해 보세요.

1.

A (음식)	B (음료)
① 비빔밥 한 그릇: 一碗拌饭 yì wǎn bànfàn	콜라 한 병: 一瓶可乐 yì píng kělè
② 떡볶이 2인분: 两份炒年糕 liǎng fèn chǎoniángāo	생수 한 병: 一瓶矿泉水 yì píng kuàngquánshuǐ

职员 : 您好! 欢迎光临! 您来点儿什么?
　　　　Nín hǎo! Huānyíng guānglín! Nín lái diǎnr shénme?

顾客 : 来　　A　　。
　　　　Lái

职员 : 您还需要别的吗?
　　　　Nín hái xūyào biéde ma?

顾客 : 还要　　B　　。
　　　　Hái yào

2.

A (날짜)	B (명절/기념일)
① 3월 8일 : 三月八号 sān yuè bā hào	부녀절 : 妇女节 fùnǚjié
② 6월 1일 : 六月一号 liù yuè yī hào	아동절 : 儿童节 értóngjié

顾客 : 今天几月几号?
　　　　Jīntiān jǐ yuè jǐ hào?

职员 : 今天　　A　　。今天是　　B　　吧?
　　　　Jīntiān　　　　　　Jīntiān shì　　　　ba?

顾客 : 对，今天是　　B　　。
　　　　Duì, jīntiān shì

회화 완전 정복

1. 문장을 듣고 운모 위에 성조 표시를 하고 한국어로 해석해 보세요. 🎧 06-8

   ① Nin hai yao biede ma? :

   ② Yao zui jiben de kuanshi. :

2. 문장을 듣고 빈칸에 들어갈 단어를 한어병음이나 한자로 써 보세요. 🎧 06-9

   ① _____两件，对_____? (모두 두 벌 맞으시죠?)

   ② 您要一件黑色_____大衣_____一件蓝色_____T恤。
   (고객님은 검은색 코트 한 벌이랑 파란색 티셔츠 한 벌을 원하십니다.)

3. 다음 양사들을 이용하여 수사와 함께 빈칸에 알맞게 넣어 보세요.

	条 tiáo	双 shuāng	瓶 píng	杯 bēi

   ① 향수 두 병 : _____香水

   ② 치마 한 벌 : _____裙子

   ③ 커피 세 잔 : _____咖啡

   ④ 신발 다섯 켤레 : _____鞋

4. 주어진 단어들을 어순에 맞게 배열하여 한 문장으로 만들어 보세요.

   ① 几 / 要 / 您 / 米饭 / 碗 (당신은 밥 몇 그릇을 원하십니까?)

   ➡ _____

   ② 菜 / 我 / 点 / 的 / 要 / 清淡 (저는 담백한 음식을 주문하려고 합니다.)

   ➡ _____

   ③ 要 / 香水 / 瓶 / 我 / 一 / 还 (저는 또 향수 한 병도 원합니다.)

   ➡ _____

- 第 -

07

这件多少钱?
Zhè jiàn duōshao qián?

이것은 얼마입니까?

회화를 듣고 회화 내용과 일치하면 V, 일치하지 않으면 X표시를 하세요.

1. 现在打八折。 ( )

2. 买十万以上送代金券。 ( )

🎧 07-2

새 단어

- □ 多少 duōshao 의 얼마, 몇
- □ 钱 qián 명 돈
- □ 韩币 hánbì 명 한국 화폐
- □ 可是 kěshì 접 그러나
- □ 现在 xiànzài 명 지금, 현재
- □ 打折 dǎzhé 통 [이합사] 세일하다, 할인하다
- □ 后 hòu 명 뒤, 후
- □ 而且 érqiě 접 게다가, ~뿐만 아니라
- □ 以上 yǐshàng 명 이상

- □ 送 sòng 통 보내다, 선물하다 (= 赠送 zèngsòng 증정하다)
- □ 代金券 dàijīnquàn 명 상품권
- □ 还是 háishi 부 역시, 아직도, 여전히
- □ 有点儿 yǒudiǎnr 부 조금(불만의 느낌이 있음)
- □ 贵 guì 형 비싸다
- □ 便宜 piányi 형 싸다 통 깎아 주다
- □ 一点儿 yìdiǎnr 수량 조금, 약간
- □ 能 néng 조동 할 수 있다
- □ 对了 duì le 아, 맞다

顾客　这件多少^①钱?
　　　Zhè jiàn duōshao qián?

职员　二十五万韩币，可是现在打八折^②。
　　　Èrshíwǔwàn hánbì, kěshì xiànzài dǎ bā zhé.

　　　打折后二十万。而且您买二十万以上，
　　　Dǎzhé hòu èrshíwàn. Érqiě nín mǎi èrshíwàn yǐshàng,

　　　我们送一张一万韩币的代金券。
　　　wǒmen sòng yì zhāng yí wàn hánbì de dàijīnquàn.

顾客　还是有点儿^③贵，便宜点儿^④吧。
　　　Háishi yǒudiǎnr guì, piányi diǎnr ba.

职员　对不起。不能^⑤再便宜。对了! 您有会员卡吗?
　　　Duìbuqǐ. Bù néng zài piányi. Duì le! Nín yǒu huìyuánkǎ ma?

顾客　没有。
　　　Méiyǒu.

职员　有会员卡，可以^⑤再打九五折。
　　　Yǒu huìyuánkǎ, kěyǐ zài dǎ jiǔwǔzhé.

생생 해석

고객　이것은 얼마입니까?

직원　25만 원인데요, 지금 20% 세일합니다. 세일해서 20만 원입니다.
　　　게다가 20만 원 이상 구매하시면, 저희가 만 원짜리 상품권 한 장을 드립니다.

고객　그래도 좀 비싸네요. 좀 깎아 주세요.

직원　죄송하지만, 더 싸게는 안 됩니다. 아, 참! 고객님 회원카드 있으십니까?

고객　없어요.

직원　회원카드 있으시면, 5% 추가 할인해 드립니다.

1 의문사 多少

多少(duōshao)는 '얼마', '몇'이란 뜻의 의문사입니다. 주로 10 이상의 수를 묻거나 가격·전화번호·방 호수 등을 물어볼 때 사용합니다. 가격을 물을 때는 '多少钱?'이라고 하며, 多少钱 뒤에 수량을 넣어 물어보기도 합니다.

- 您要多少? 당신은 얼마나 원하십니까?
  Nín yào duōshao?

- 这个多少钱? 이것은 얼마입니까?
  Zhè ge duōshao qián?

2 이합사 打折

이합사(离合词 líhécí)는 '동사+목적어' 구조의 동사로, 중간에 다른 단어를 넣을 수 있습니다. 중국에서 할인율을 얘기할 때는 이합사 '打折(dǎzhé 할인하다)' 중간에 숫자를 넣어 표현합니다. '(一)折'는 '1할' 즉 '10%'를 뜻합니다. '打八折'는 고객이 원래 가격의 80%만 지불하면 된다는 뜻이며, 즉 '20% 세일'을 뜻합니다.

- 10% 세일 打九折 dǎ jiǔ zhé
- 50% 세일 打五折 dǎ wǔ zhé
  半价 bànjià
- 15% 세일 打八五折 dǎ bāwǔ zhé
- 80% 세일 打两折 dǎ liǎng zhé
- 할인 행사를 진행하다 搞优惠活动 gǎo yōuhuì huódòng
- 판촉 행사를 진행하다 搞促销活动 gǎo cùxiāo huódòng

3 부사 有点儿

有点儿(yǒudiǎnr)은 '조금', '약간'이란 뜻의 정도부사입니다. 보통 형용사 앞에 쓰여 상황이 불만스럽거나 여의치 않음을 나타냅니다.

> 有点儿 + 형용사 : 조금 ~하다 (그래서 싫다)

- 这个有点儿贵。   이것은 조금 비쌉니다. (조금 비싼 것이 불만스러움)
  Zhè ge yǒudiǎnr guì.

- 这件衣服有点儿大。 이 옷은 조금 큽니다. (조금 큰 것이 불만스러움)
  Zhè jiàn yīfu yǒudiǎnr dà.

4 수량사 一点儿

一点儿(yìdiǎnr)은 '조금', '약간'이란 뜻으로 동사 뒤에 쓰입니다. 문장 중에 오면 '一'를 생략하며, 명사 앞에서 명사를 수식하기도 합니다.

> 동사 + 一点儿 **(+ 명사)** : 조금 ~하다

- 喝 (一) 点儿 조금 마시다
  hē (yì) diǎnr

- 您喝点儿茶吧。 차를 좀 드십시오.
  Nín hē (yì) diǎnr chá ba.

5 조동사 能과 可以

能(néng)과 可以(kěyǐ)는 '할 수 있다', '해도 된다'라는 뜻의 조동사로 가능·능력·허가를 나타냅니다. 能은 주로 능력을 나타내며 '할 수 있다'로 해석하고, 可以는 허가를 나타내며 '해도 된다'로 해석합니다. 부정형은 일반적으로 둘 다 不(bù)를 사용합니다.

의미	형식	형식	예문	
能	긍정문	주어 + 能 + 동사(술어) + 목적어	他能来吗? Tā néng lái ma?	그는 올 수 있습니까? (가능)
	부정문	주어 + 不能 + 동사(술어) + 목적어	他不能来。 Tā bù néng lái. 你不能来。 Nǐ bù néng lái.	그는 올 수 없습니다. (불가능) 당신은 오면 안 됩니다. (금지)
可以	긍정문	주어 + 可以 + 동사(술어) + 목적어	(我)可以抽烟吗? (Wǒ) kěyǐ chōuyān ma?	담배 피워도 됩니까? (허가)
	부정문	주어 + 不可以 + 동사(술어) + 목적어	(你)不可以抽烟。 (Nǐ) bù kěyǐ chōuyān.	담배 피우시면 안 됩니다. (금지)

| 중국의 화폐 |

중국의 화폐는 '人民币(rénmínbì, 인민폐)'라고 하며 元, RMB, CNY, ¥으로 표기합니다. 화폐 단위는 元(yuán)·角(jiǎo)·分(fēn)을 사용하는데, 회화에서는 块(kuài)·毛(máo)·分(fēn)을 사용합니다. 1元은 한화 168원(2019년 3월 기준) 정도이며, 현재 分은 거의 사용하지 않습니다. 인민폐의 앞면에는 중화인민공화국 초대 주석인 毛泽东(Máo Zédōng)의 도안이, 뒷면에는 중국의 다양한 명소의 도안이 들어가 있습니다. 지폐는 纸币(zhǐbì), 동전은 硬币(yìngbì)라고 합니다.

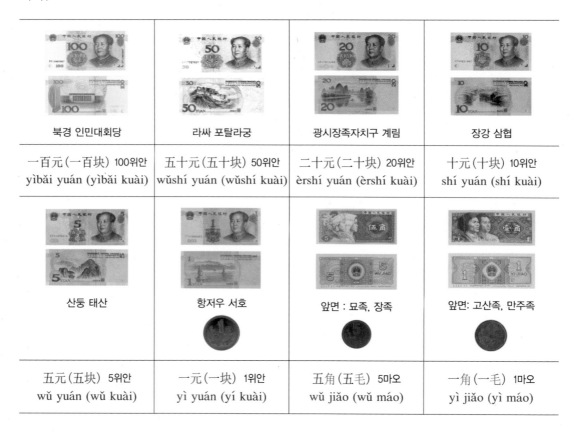

북경 인민대회당	라싸 포탈라궁	광시장족자치구 계림	장강 삼협
一百元(一百块) 100위안 yìbǎi yuán (yìbǎi kuài)	五十元(五十块) 50위안 wǔshí yuán (wǔshí kuài)	二十元(二十块) 20위안 èrshí yuán (èrshí kuài)	十元(十块) 10위안 shí yuán (shí kuài)
산동 태산	항저우 서호	앞면 : 묘족, 장족	앞면: 고산족, 만주족
五元(五块) 5위안 wǔ yuán (wǔ kuài)	一元(一块) 1위안 yì yuán (yí kuài)	五角(五毛) 5마오 wǔ jiǎo (wǔ máo)	一角(一毛) 1마오 yì jiǎo (yì máo)

| 중국 화폐 읽는 법 |

1. 회화에서는 화폐 단위가 하나일 때 钱(qián, 돈)을 붙여 말할 수 있습니다.
   10元: 十块钱 shí kuài qián

2. 회화에서는 화폐 단위가 두 개 이상일 때 마지막 단위를 생략할 수 있습니다.
   2.5元: 两块五(毛) liǎng kuài wǔ (máo)

☑ 支 중국 모바일 결제 서비스

'위챗페이(微信支付 Wēixìn zhīfù)'와 '알리페이(支付宝支付 Zhīfùbǎo zhīfù)'

중국에서는 현금(现金 xiànjīn)이나 신용카드(信用卡 xìnyòngkǎ) 대신 모바일 결제 앱인 위챗페이나 알리페이로 결제를 하는 경우가 대부분입니다. 알리페이(支付宝支付 Zhīfùbǎo zhīfù)는 2004년에 설립된 알리바바 그룹의 자회사로 타오바오나 티몰의 상품 결제를 위해서 생긴 결제 서비스입니다. 위챗페이(微信支付 Wēixìn zhīfù)는 텐센트의 결제 플랫폼인 텐페이를 위챗과 연동한 것으로 2013년에 생긴 결제 서비스입니다.

중국에서 모바일 결제 서비스가 현금이나 카드를 제치고 제1의 결제 수단이 된 이유는 현금이나 카드보다 할인과 적립 등 혜택이 많고 편리하기 때문입니다. 또 판매자 입장에서 보면 수수료가 은행 카드보다 낮거나 없어서 굉장한 메리트가 있습니다.

또 위챗페이와 알리페이가 자체적으로 특별 행사를 하는 시기에 판매자가 행사 비용의 일부만 부담하면 상당한 마케팅 효과를 누릴 수 있습니다. 위챗페이는 8월 8일을 '현금 안 쓰는 날(无现金日)'로 정해서 은행, 업종, 브랜드들이 행사에 참여하며, 브랜드에 따라 평소의 몇 배 이상의 매출을 올립니다. 알리페이 행사 중 가장 큰 행사는 12월 12일(双十二) 할인 행사로, 매장 브랜드에 따라 당일 매출이 몇 배나 오르기도 합니다. 한국에서도 알리페이나 위챗페이가 가능한 곳이 갈수록 많아지고 있어서, 중국 관광객들이 환전을 하지 않고도 손쉽게 물건을 구매할 수 있게 되었습니다.

(1) QR코드 스캔 결제

(2) 위챗페이로 결제하는 중국 시장의 두부 가게

(3) 위챗페이, 알리페이 결제가 가능한 자판기

 07-4

STEP 5
싹싹 연습

제시된 단어를 활용하여 다양하게 연습해 보세요.

1. [주어] **多少钱** [수량사] ?
duōshao qián

~ 은/는 ~에 얼마입니까?

门票 Ménpiào	一张 yì zhāng	입장권은 한 장에 얼마입니까?
这种化妆品 Zhè zhǒng huàzhuāngpǐn	一套 yí tào	이 화장품은 한 세트에 얼마입니까?
炒年糕 Chǎoniángāo	一份 yí fèn	떡볶이는 1인분에 얼마입니까?

2. **打折**
dǎzhé

세일하다, 할인하다

现在打折吗?
Xiànzài dǎzhé ma?

지금 세일합니까?

现在不是打折季。
Xiànzài bú shì dǎzhéjì.

지금은 세일 기간이 아닙니다.

您有贵宾卡, 给您打八五折。
Nín yǒu guìbīnkǎ, gěi nín dǎ bāwǔ zhé.

VIP카드가 있으시면, 15% 할인해 드립니다.

3. (购)买 [목적어], (赠)送 [목적어]。
(Gòu)mǎi (zèng)sòng

~를 사시면, ~을 드립니다.

一	一	
yī	yī	한 개 사시면, 한 개를 드립니다.
两个	小样	
liǎng ge	xiǎoyàng	두 개 사시면, 샘플을 드립니다.
满十万韩币	礼品	
mǎn shíwàn hánbì	lǐpǐn	10만 원 채우시면, 선물을 드립니다.

4. [주어] 有点儿 [형용사], 能 [동사] 吗?
yǒudiǎnr néng ma

~는 좀 ~한데, ~할 수 있습니까?

这个	贵	再便宜点	이것은 좀 비싼데,
Zhè ge	guì	zài piányi diǎn	좀 더 싸게 해 줄 수 있습니까?
汤	凉	再热点	국이 좀 차가운데,
Tāng	liáng	zài rè diǎn	좀 더 데워주실 수 있습니까?
房间	吵	换房间	방이 좀 시끄러운데,
Fángjiān	chǎo	huàn fāngjiān	방을 바꿀 수 있습니까?

🎧 07-5

새 단어

- 门票 ménpiào 명 입장권
- 贵宾卡 guìbīnkǎ 명 VIP카드
- 小样 xiǎoyàng 명 샘플
- 满 mǎn 동 꽉 채우다 형 가득하다
- 礼品 lǐpǐn 명 선물
- 汤 tāng 명 국
- 凉 liáng 형 차갑다, 선선하다
- 热 rè 동 데우다, 가열하다 형 덥다
- 房间 fángjiān 명 방
- 吵 chǎo 형 시끄럽다
- 换 huàn 동 바꾸다

제시된 사진과 단어를 활용하여 실전 상황 연습을 해 보세요.

1.

A (상품)	① 矿泉水 kuàngquánshuǐ	② 包 bāo	③ 鞋 xié	④ 化妆品 huàzhuāngpǐn
B (수량)	一瓶 yì píng	一个 yí ge	一双 yì shuāng	一套 yí tào
C (가격)	¥ 2.50	¥ 88.00	¥ 698.00	¥ 1440.00
D (할인율)	No 세일	20%	30%	5%

顾客 : 这种____A____多少钱____B____?
　　　Zhè zhǒng　　　duōshao qián

职员 : ____C____。

顾客 : 打折吗?
　　　Dǎzhé ma?

职员 : 现在____D____。
　　　Xiànzài

2.

A (동사)	① 담배 피우다 吸烟 xīyān 抽烟 chōuyān	② 자신의 술이나 음료를 가져오다 自带酒水 zìdài jiǔshuǐ	③ 와이파이를 연결하다 无线上网 wúxiàn shàngwǎng

职员 : 不好意思，这儿不能____A____。
　　　Bù hǎoyìsi, zhèr bù néng

顾客 : 不能____A____呀? 哦，知道了。
　　　Bù néng　　　ya? ò, zhīdào le.

* 知道了 zhīdào le 알겠습니다

회화 완전 정복

1. 문장을 듣고 빈칸에 들어갈 단어를 한어병음이나 한자로 써 보세요. 🎧 07-6

① 这种化妆品_____? (이 종류의 화장품은 얼마입니까?)

② 还是_____, 便宜_____吧。 (그래도 좀 비싸네요. 좀 깎아 주세요.)

③ 对不起, _____再便宜。 (죄송하지만, 더 싸게는 안 됩니다.)

2. 문장을 듣고 아래 상품의 가격을 쓰고, 구입 시 어떤 혜택이 있는지 써 보세요. 🎧 07-7

① 가격 : _____

혜택 : _____

② 가격 : _____

혜택 : _____

③ 가격 : _____

혜택 : _____

④ 가격 : _____

혜택 : _____

3. 주어진 단어들을 어순에 맞게 배열하여 한 문장으로 만들어 보세요.

① 一张 / 多少钱 / 门票 (입장권은 한 장에 얼마입니까?)

➡ _____

② 我们 / 一万 / 的 / 代金券 / 一张 / 韩币 / 送

(저희가 만 원짜리 상품권 한 장을 드립니다.)

➡ _____

③ 您 / 九五 / 有 / 打 / 折 / 再 / 会员卡 / 可以

(고객님이 회원카드를 갖고 계시면, 5% 더 할인해 드릴 수 있습니다.)

➡ _____

您怎么结账?

Nín zěnme jiézhàng?

어떻게 결제하시겠습니까?

회화를 듣고 회화 내용과 일치하면 V, 일치하지 않으면 X 표시를 하세요.

1. 这里不能使用银联卡。 　　　(　　　)

2. 顾客使用微信支付。 　　　(　　　)

🎧 08-2

새 단어

- 怎么 zěnme 의 어떻게
- 结账 jiézhàng 동 [이합사] 계산하다, 결제하다
- 用 yòng 동 사용하다
- 现金 xiànjīn 명 현금
- 还是 háishi 접 또는, 아니면 (선택의문문을 만들어줌)
- 信用卡 xìnyòngkǎ 명 신용카드
- 使用 shǐyòng 명 동 사용(하다)
- 刷卡 shuā kǎ 동 [이합사] 카드를 긁다
- 立减 lìjiǎn 명 동 즉시 할인(하다)

- 输入 shūrù 동 입력하다
- 密码 mìmǎ 명 비밀번호
- 签名 qiānmíng 동 [이합사] 서명하다
- 马上 mǎshàng 부 곧, 즉시
- 帮 bāng 동 돕다
- 包 bāo 동 싸다
- 稍 shāo 부 잠깐, 조금
- 等 děng 동 기다리다

职员　您怎么^①结账？ 用现金还是^②信用卡？
　　　Nín zěnme jiézhàng? Yòng xiànjīn háishi xìnyòngkǎ?

顾客　可以微信支付吗？
　　　Kěyǐ wēixìn zhīfù ma?

职员　不好意思，我们这儿不能使用微信支付。您可以刷卡。
　　　Bù hǎoyìsi. Wǒmen zhèr bù néng shǐyòng wēixìn zhīfù.
　　　Nín kěyǐ shuā kǎ.

顾客　可以用银联卡吗？
　　　Kěyǐ yòng yínliánkǎ ma?

职员　当然可以。您使用银联卡立减 5%。
　　　Dāngrán kěyǐ. Nín shǐyòng yínliánkǎ lìjiǎn bǎifēnzhī wǔ.

顾客　是吗？ 那用这个吧。
　　　Shì ma? Nà yòng zhè ge ba.

职员　先生，请输入密码。请签一下名。给您发票。
　　　Xiānsheng, qǐng shūrù mìmǎ. Qǐng qiān yíxià míng.
　　　Gěi nín fāpiào.

　　　我马上^③帮^④您包一下商品。请稍等。
　　　Wǒ mǎshàng bāng nín bāo yíxià shāngpǐn. Qǐng shāo děng.

생생 해석

직원　고객님 어떻게 계산하시겠습니까? 현금으로 하시겠습니까 신용카드로 하시겠습니까?

고객　위챗으로 결제할 수 있습니까?

직원　죄송합니다. 여기에서는 위챗 결제를 사용하실 수 없습니다. 카드 결제는 가능합니다.

고객　은련카드는 사용할 수 있습니까?

직원　당연히 가능합니다. 고객님이 은련카드를 사용하시면 5% 즉시 할인됩니다.

고객　그래요? 그럼 이걸로 하겠습니다.

직원　고객님, 비밀번호를 입력해 주십시오. 서명 부탁드립니다. 영수증 드리겠습니다.

　　　제가 바로 상품을 포장해 드리겠습니다. 잠시만 기다리십시오.

1 의문사 **怎么**

怎么(zěnme)는 '어떻게'라는 뜻의 의문사입니다. 동사 앞에 쓰여 동작의 방식, 방법을 물어볼 때 사용합니다.

> 怎么 **+ 동사** : 어떻게 ~합니까?
> zěnme

- 怎么吃？ 어떻게 먹습니까?
  Zěnme chī?

- 这个怎么使用？ 이것은 어떻게 사용합니까?
  Zhè ge zěnme shǐyòng?

2 선택의문문 A **还是** B **?** (A입니까 아니면 B입니까?)

중국어의 선택의문문은 '还是(háishi)'를 선택 사항 중간에 넣어 만들어 주며, 还是는 '아니면'으로 해석합니다. 앞절과 뒷절의 목적어만 다른 경우, 뒷절의 동사를 생략할 수 있습니다.

> A 还是 B **?** : A합니까 아니면 B합니까?
> háishi

- 你买还是他买？ 당신이 삽니까 아니면 그가 삽니까?
  Nǐ mǎi háishi tā mǎi?

- 你买这个还是 (买) 那个？ 당신은 이것을 삽니까 아니면 저것을 삽니까?
  Nǐ mǎi zhè ge háishi (mǎi) nà ge?

- 你是中国人还是韩国人？ 당신은 중국인입니까 아니면 한국인입니까?
  Nǐ shì Zhōngguórén háishi Hánguórén?

③ 부사 马上

马上(mǎshàng)은 '즉시', '곧'이란 뜻의 부사로, 马上 뒤에 就(jiù)를 함께 써서 시간이 빠름을 강조할 수 있습니다. 马上은 보통 동사나 형용사 앞에 쓰이지만, 대화문에서 대답을 할 때는 단독으로 사용하기도 합니다.

- A: 你不来吗？ 당신은 안 옵니까?
  Nǐ bù lái ma?

- B: 马上就去。/ 马上。 곧 갑니다. / 곧이요.
  Mǎshàng jiù qù. / Mǎshàng.

④ 동사 帮

帮(bāng)은 '돕다', '거들어 주다'라는 뜻의 동사입니다. 다른 동사와 함께 쓰여 'A가 B를 도와 ~을 하다'의 형식으로 쓰이기도 합니다.

> 주어(A) + 帮 + 목적어(B) + 동사 : A가 B를 도와 ~을 하다
>   bāng

- 我帮你。 제가 당신을 도와 드릴게요.
  Wǒ bāng nǐ.

- 我帮你拿。 제가 당신을 도와 들어 드릴게요.
  Wǒ bāng nǐ ná.

- 请你帮我拿东西。 저 좀 도와서 물건을 들어 주세요.
  Qǐng nǐ bāng wǒ ná dōngxi.

STEP 4
쭉쭉 더하기

🎧 08-3

교통수단 交通工具 jiāotōng gōngjù			✈️🚌🚈🚏🚐
택시	버스	지하철	시티투어버스
出租车/的士 chūzūchē/díshì(dīshì)	公交车/巴士 gōngjiāochē/bāshì	地铁 dìtiě	观光巴士 guānguāng bāshì
비행기	공항리무진	배	기차/KTX
飞机 fēijī	机场大巴 jīchǎng dàbā	船 chuán	火车/韩国高铁 huǒchē/ hánguó gāotiě

국내 주요 공항·항구·기차역 机场 jīchǎng·港口 gǎngkǒu·火车站 huǒchēzhàn			🎧 08-4
인천공항/인천항	김포공항	제주공항/제주항	김해공항
仁川机场/仁川港 Rénchuān jīchǎng /Rénchuān gǎng	金浦机场 Jīnpǔ jīchǎng	济州机场/济州港 Jìzhōu jīchǎng /Jìzhōu gǎng	金海机场 Jīnhǎi jīchǎng
대구공항/대구역	청주공항/청주역	부산항/부산역	목포항/목포역
大邱机场/大邱站 Dàqiū jīchǎng /Dàqiūzhàn	清州机场/清州站 Qīngzhōu jīchǎng/ Qīngzhōuzhàn	釜山港/釜山站 Fǔshān gǎng /Fǔshānzhàn	木浦港/木浦站 Mùpǔgǎng /Mùpǔzhàn
서울역	용산역	광명역	수원역
首尔站 Shǒu'ěrzhàn	龙山站 Lóngshānzhàn	光明站 Guāngmíngzhàn	水原站 Shuǐyuánzhàn
대전역	경주역	포항역	울산역
大田站 Dàtiánzhàn	庆州站 Qìngzhōuzhàn	浦项站 Pǔxiàngzhàn	蔚山站 Yùshānzhàn
천안역	익산역	전주역	여수역
天安站 Tiān'ānzhàn	益山站 Yìshānzhàn	全州站 Quánzhōuzhàn	丽水站 Lìshuǐzhàn
광주송정역	춘천역	평창역	강릉역
光州松亭站 Guāngzhōu sōngtíngzhàn	春川站 Chūnchuānzhàn	平昌站 Píngchāngzhàn	江陵站 Jiānglíngzhàn

여행 정보 앱 '씨트립(携程旅行网 Xiéchéng lǚxíngwǎng, www.ctrip.com)'과
'취날왕(去哪儿网 Qùnǎrwǎng, www.qunar.com)'

2008년 북경 올림픽 이후 중국에서는 여행 붐이 폭발적으로 일어났습니다. 그 후로 10년의 시간이 지났고, 그 사이 중국인들의 여행 소비 패턴도 많은 변화가 있었습니다. 전자상거래 및 모바일 서비스의 급속한 발전으로 여행 소비도 모바일로 이동하게 되었습니다. 또 단체 여행보다는 자유 여행을 선호하며, 여러 여행 사이트를 꼼꼼히 비교해 가며 합리적으로 여행을 즐기는 추세입니다. 중국의 대표적인 여행 플랫폼으로는 1999년에 설립된 세계적인 온라인 여행사 '씨트립'과 2005년에 설립된 '취날왕'이 있습니다. 두 플랫폼 모두 국내외 관광상품 판매, 호텔 예약, 비행기표 예매, 공항 픽업 서비스, 입장권 구매, 여행자 보험 등의 서비스를 제공하고 있습니다. 씨트립이 제공하는 서비스는 취날왕보다 훨씬 더 다양합니다. 씨트립에서는 해외 기차표 예매, 해외 렌터카 대여도 가능합니다. 게다가 해외 유명 백화점이나 면세점과 제휴를 맺고 사용자들에게 다양한 할인 혜택을 주며, 택스리펀드 서비스도 제공하고 있습니다.

(1) 씨트립 메인 화면

(2) 씨트립 숙박 예약

(3) 취날왕 메인 화면

(4) 취날왕 기차표 예매

STEP 5
싹싹 연습

🎧 08-5

제시된 단어를 활용하여 다양하게 연습해 보세요.

1. **怎么** [동사] **?**
    Zěnme

    어떻게 ~합니까?

    卖   어떻게 팝니까?
    mài

    办   어떡하죠?
    bàn

    支付   어떻게 지불하시겠습니까?
    zhīfù

2. [A] **还是** [B] **?**
    háishi

    A입니까 아니면 B입니까?

    这个好看   那个好看   이것이 예쁩니까
    Zhè ge hǎokàn   nà ge hǎokàn   아니면 저것이 예쁩니까?

    您喜欢这个   那个   당신은 이것이 마음에 드십니까
    Nín xǐhuan zhè ge nà ge   아니면 저것이 마음에 드십니까?

    你喝咖啡   茶   당신은 커피를 드시겠습니까
    Nǐ hē kāfēi   chá   아니면 차를 드시겠습니까?

3. (주어) 马上就 동사/형용사 。   (~는) 바로 ~합니다.
mǎshàng jiù

		行 xíng	금방이면 됩니다.
我 Wǒ		准备 zhǔnbèi	제가 바로 준비해 드리겠습니다.
我们 Wǒmen		处理 chǔlǐ	저희가 바로 처리해 드리겠습니다.

4. 주어 (A) 帮 목적어 (B) 동사 。   A가 B를 도와서 ~하다.
bāng

我 Wǒ	您 nín	预订 yùdìng	제가 당신을 도와서 예약해 드리겠습니다.
我 Wǒ	你们 nǐmen	翻译 fānyì	제가 여러분을 도와서 통역해 드리겠습니다.
我 Wǒ	您 nín	保管行李 bǎoguǎn xíngli	제가 당신을 도와서 짐을 보관해 드리겠습니다.

🎧 08-6

새 단어

- 卖 mài 동 팔다
- 办 bàn 동 (일 따위를) 하다, 처리하다
- 支付 zhīfù 동 지불하다
- 喜欢 xǐhuan 동 좋아하다, 마음에 들다
- 行 xíng 형 좋다, 괜찮다
- 准备 zhǔnbèi 동 준비하다

- 处理 chǔlǐ 동 처리하다
- 预订 yùdìng 동 예약하다
- 翻译 fānyì 동 통역·번역하다
명 통역·번역/통역사·번역사
- 保管 bǎoguǎn 동 보관하다
- 行李 xíngli 명 짐

실전 상황 연습

제시된 단어를 빈칸에 넣어 상황 연습을 해 보세요.

1.

A	B
① 커피 : 咖啡 kāfēi	차 : 茶 chá
② 차가운 것 : 冰的 bīng de	뜨거운 것 : 热的 rè de
③ 작은 사이즈 : 小杯 xiǎobēi	큰 사이즈 : 大杯 dà bēi
④ 가져가다 : 拿走 názǒu	여기에서 마시다 : 在这儿喝 zài zhèr hē

职员 ： 您要____A____还是____B____?
　　　　Nín yào 　　　　　　　háishi

顾客 ： ____A____。/ ____B____。

2.

A (동사, 도움 요청)	B (승낙/거절)
① 예약하다 : 预订 yùdìng	문제없습니다. 제가 예약을 도와 드리겠습니다. 没问题，我帮您预订。 Méi wèntí, wǒ bāng nín yùdìng.
② 통역하다 : 翻译 fānyì	죄송합니다만, 저는 중국어를 잘 못합니다. 对不起，我的汉语不好。 Duìbuqǐ, wǒ de Hànyǔ bù hǎo.
③ 짐을 보관하다: 保管行李 bǎoguǎn xíngli	죄송합니다만, 여기서는 짐을 보관해 드릴 수 없습니다. 아래층에 물품보관소가 있습니다. 对不起，这里不能保管行李。楼下有行李保管处。 Duìbuqǐ, zhèli bù néng bǎoguǎn xíngli. Lóuxià yǒu xíngli bǎoguǎnchù.

顾客 ： 你可以帮我____A____吗?
　　　　Nǐ kěyǐ bāng wǒ 　　　　ma

职员 ： ____B____。

1. 문장을 듣고 운모 위에 성조 표시를 하고 한국어로 해석해 보세요.　🎧 08-7

   ① Yong xianjin haishi xinyongka?　　　　:

   ② Wo mashang bang nin bao yixia shangpin. :

2. 문장을 듣고 빈칸에 들어갈 단어를 한어병음이나 한자로 써 보세요.　🎧 08-8

   ① 您＿＿＿＿＿结账？ (당신은 어떻게 계산하시겠습니까?)

   ② ＿＿＿＿＿银联卡吗？ (은련카드는 사용할 수 있습니까?)

   ③ 您使用银联卡＿＿＿＿＿。 (고객님께서 은련카드를 사용하시면 5% 즉시 할인 됩니다.)

3. 다음 의문사들을 빈칸에 넣어 의문문을 만들어 보세요.

什么	怎么	几	多少

   ① 这个＿＿＿＿＿卖？　　(이거 어떻게 팔아요?)

   ② 你要＿＿＿＿＿？　　(당신은 무엇을 원하십니까?)

   ③ 你要＿＿＿＿＿个？　　(당신은 몇 개를 원하십니까?)

   ④ 你要＿＿＿＿＿？　　(당신은 얼마나 원하십니까?)

4. 주어진 단어들을 어순에 맞게 배열하여 한 문장으로 만들어 보세요.

   ① 处理 / 马上 / 我们 / 就　(저희가 바로 처리해 드리겠습니다.)

   ➡ ＿＿＿＿＿＿＿＿＿＿＿＿＿＿＿＿＿＿＿＿＿＿

   ② 您 / 我 / 行李 / 保管 / 帮　(제가 당신을 도와서 짐을 보관해 드리겠습니다.)

   ➡ ＿＿＿＿＿＿＿＿＿＿＿＿＿＿＿＿＿＿＿＿＿＿

   ③ 微信支付 / 我们 / 使用 / 这儿 / 不能
   (여기에서는 위챗결제를 사용하실 수 없습니다.)

   ➡ ＿＿＿＿＿＿＿＿＿＿＿＿＿＿＿＿＿＿＿＿＿＿

请问，您需要什么帮助?

Qǐng wèn, nín xūyào shénme bāngzhù?

무엇을 도와 드릴까요?

1 · 시간사
2 · 연동문
3 · 방향보어
4 · 听说

회화를 듣고 회화 내용과 일치하면 V, 일치하지 않으면 X표시를 하세요.

1. 顾客到九楼的服务中心领取代金券。 (   )

2. 顾客到服务中心先要取号。　　　　　　 (   )

🎧 09-2

새 단어

- 到 dào 통 ~에 이르다, 도착하다
- 服务中心 fúwù zhōngxīn 명 고객센터
- 领取 lǐngqǔ 통 (발급한 것을) 받다, 수령하다
- 几点 jǐ diǎn 몇 시
- 关门 guān mén 통 [이합사] 문을 닫다
- 周末 zhōumò 명 주말
- 半 bàn 수 반, 반절
- 还 hái 부 또, 더, 아직
- 时间 shíjiān 명 시간

- 坐 zuò 통 (탈 것에) 타다, 앉다
- 电梯 diàntī 명 엘리베이터
- 上去 shàngqu 통 올라가다
- 先 xiān 부 먼저, 우선
- 取号 qǔ hào 번호를 뽑다
- 帮助 bāngzhù 통 도와주다 명 도움
- 听说 tīngshuō 통 듣자 하니 ~라고 한다
- 收好 shōu hǎo 잘 받다

顾客　你好，不给我代金券吗？
　　　Nǐ hǎo, bù gěi wǒ dàijīnquàn ma?

职员　先生，您到九楼的服务中心领取吧。
　　　Xiānsheng, nín dào jiǔ lóu de fúwù zhōngxīn lǐngqǔ ba.

顾客　啊，是吗？你们几点①关门？
　　　À, shì ma? Nǐmen jǐ diǎn guānmén?

职员　我们周末8点半关门。右边有电梯，您坐电梯上去②③吧。
　　　Wǒmen zhōumò bā diǎn bàn guānmén. Yòubian yǒu diàntī,
　　　nín zuò diàntī shàngqu ba.

- -

<服务中心>

职员A　不好意思，先生，您先取号等一下吧。
　　　 Bù hǎoyìsi, xiānsheng, nín xiān qǔhào děng yíxià ba.

职员B　您好先生，您需要什么帮助？
　　　 Nín hǎo xiānsheng, nín xūyào shénme bāngzhù?

顾客　听说④用这个可以领取代金券，是吗？
　　　Tīngshuō yòng zhè ge kěyǐ lǐngqǔ dàijīnquàn, shì ma?

职员B　对，我先确认一下发票。是三十万韩币，赠送给您一万韩
　　　 币的代金券，请您收好。
　　　 Duì, wǒ xiān quèrèn yíxià fāpiào. Shì sānshíwàn hánbì, zèngsòng gěi
　　　 nín yíwàn hánbì de dàijīnquàn, qǐng nín shōu hǎo.

생생 해석

고객　저기요, 상품권은 안 주시나요?
직원　고객님, 9층 고객센터로 가서 받으십시오.
고객　아, 그래요? 여기 몇 시에 문 닫아요?
직원　저희는 주말에는 8시 반에 문을 닫습니다.
　　　오른쪽에 엘리베이터가 있습니다. 엘리베이터를 타고 올라가세요.

〈고객센터〉

직원A　고객님, 죄송하지만, 번호표를 먼저 뽑으시고 잠시만
　　　 기다려 주십시오.
직원B　고객님 안녕하세요, 무엇을 도와 드릴까요?
고객　이거 있으면 상품권을 받을 수 있다고 하던데, 그래요?
직원B　맞습니다, 제가 우선 영수증을 좀 확인하겠습니다. 30만
　　　 원이니까, 상품권 만 원을 드리겠습니다. 잘 받으십시오.

1 시간사

'~시'는 '~点(diǎn)', '~분'은 '~分(fēn)'으로 표현합니다. '분'이 한 자리 숫자일 때는 숫자 앞에 零(líng)을 붙여 말하기도 합니다. 30분은 '半(bàn)', 15분은 '一刻(yí kè)', 45분은 '三刻(sān kè)'라고 표현하며, '~시 ~분 전'은 '부족하다'라는 뜻의 동사 差(chà)를 사용하여 '差~分~点'이라고 표현합니다.

1시	一点 yī diǎn		
2시 5분	两点(零)五分 liǎng diǎn (líng) wǔ fēn		
3시 15분	三点十五分 sān diǎn shíwǔ fēn	=	三点一刻 sān diǎn yí kè
6시 30분	六点三十分 liù diǎn sānshí fēn	=	六点半 liù diǎn bàn
9시 45분	九点四十五分 jiǔ diǎn sìshíwǔ fēn	=	九点三刻 jiǔ diǎn sān kè
11시 55분	十一点五十五分 shíyī diǎn wǔshíwǔ fēn	=	差五分十二点 chà wǔ fēn shí' èr diǎn

2 연동문

연동문은 하나의 주어에 둘 이상의 동사(동사구)로 이루어진 문장을 가리킵니다. 동사는 발생한 시간 순서대로 쓰며, 첫 번째 동사와 두 번째 동사의 관계는 선후·원인·방식·목적 등을 나타냅니다. 첫 번째 동사가 来(lái)나 去(qù)인 경우 보통 두 번째 동사가 목적이 됩니다.

> 주어 + 동사1(来/去) + 동사2 : 동사 2하러 동사 1하다(오다/가다)

- 我去。 나는 갑니다.
  Wǒ qù.

- 我去吃。 나는 먹으러 갑니다.
  Wǒ qù chī.

- 我去中国吃。 나는 먹으러 중국에 갑니다.
  Wǒ qù Zhōngguó chī.

- 我去中国吃中国菜。 나는 중국 음식을 먹으러 중국에 갑니다.
  Wǒ qù Zhōngguó chī zhōngguócài.

보어(补语 bǔyǔ)는 술어 뒤에서 술어를 보충 설명하는 말로, 방향을 보충 설명하는 것이 방향보어입니다. 동작이 말하는 사람 쪽으로 가까워질 때 来(lai), 멀어질 때 去(qu)를 방향보어로 사용하며 이때 来와 去는 경성으로 읽습니다.

술어(동사) + 방향보어(来/去)

	上	下	进	出	回	过	起
来	上来 shànglai 올라오다	下来 xiàlai 내려오다	进来 jìnlai 들어오다	出来 chūlai 나오다	回来 huílai 돌아오다	过来 guòlai 건너오다	起来 qǐlai 일어나다
去	上去 shàngqu 올라가다	下去 xiàqu 내려가다	进去 jìnqu 들어가다	出去 chūqu 나가다	回去 huíqu 돌아가다	过去 guòqu 건너가다	—

어순	주어 + 술어(동사)	주어 + 술어(동사) + 방향보어(来/去)
예문	他来。 그는 옵니다. Tā lái.	他上来。 그는 올라옵니다. Tā shànglai.
	他去。 그는 갑니다. Tā qù.	他回去。 그는 돌아갑니다. Tā huíqu.

听说(tīngshuō)은 '듣다'라는 听(tīng)과 '말하다'라는 说(shuō)가 합쳐진 단어입니다. '我听人说(wǒ tīng rén shuō 내가 누군가의 말을 들었는데)'의 줄임말로, 화자가 들은 이야기를 다른 사람에게 전할 때 사용합니다. 보통 문장의 맨 앞에 쓰입니다.

- 听说他是中国人。 듣자 하니 그는 중국인이라고 합니다.
  Tīngshuō tā shì Zhōngguórén.

- 听说他的汉语很好。 듣자 하니 그는 중국어를 잘한다고 합니다.
  Tīngshuō tā de Hànyǔ hěn hǎo.

| 중국인 관광객 쇼핑 품목 |

🎧 09-3

化妆品
huàzhuāngpǐn
화장품

食品
shípǐn
식품

传统酒
chuántǒngjiǔ
전통주

生活用品
shēnghuóyòngpǐn
생활용품

韩服 hánfú
한복

传统工艺品
chuántǒng gōngyìpǐn
전통공예품

文具/动漫商品
wénjù/dòngmàn
shāngpǐn
문구/캐릭터 상품

明星周边商品
míngxīng zhōubiān
shāngpǐn
연예인 굿즈

| 중국인이 좋아하는 한국 음식 |

🎧 09-4

石锅拌饭
shíguō bànfàn
돌솥비빔밥

烤肉(牛肉/五花肉)
kǎoròu(niúròu/wǔhuāròu)
고기구이(소고기/삼겹살)

炖排骨
dùnpáigǔ
갈비찜

酱油土豆鸡
jiàngyóu tǔdòujī
찜닭

参鸡汤
shēnjītāng
삼계탕

炸鸡和啤酒
zhájī hé píjiǔ
치맥

土豆大骨汤
tǔdòu dàgǔtāng
감자탕

部队汤
bùduìtāng
부대찌개

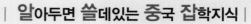 중국 음악 앱 '샤미(虾米音乐 Xiāmǐ yīnyuè, www.xiami.com)'

유학 시절 자주 가던 카페가 있었는데, 분위기도 좋고, 커피 맛도 훌륭했지만 무엇보다 한국 노래를 들을 수 있어서 그곳을 자주 찾았습니다. 중국 고객이 매장이나 업소를 방문했을 때 중국 앱으로 중국 노래를 재생해 보는 것은 어떨까요? 여러분의 이런 세심한 배려로 그 중국 고객은 매장에 대해 호감을 갖게 될 뿐 아니라 단골 고객이 될지도 모릅니다.

중국 노래를 들을 수 있는 앱은 QQ音乐(QQyīnyuè), 虾米(Xiāmǐ), 网易云 (Wǎngyìyún), 酷狗(Kùgǒu) 등 다양합니다. 예전에는 무료로 재생이 가능한 앱이 많았지만 점점 결제 후 음악 재생이 가능한 앱이 많아지고 있습니다. 여러 중국 음악 앱 중 샤미의 가장 큰 장점은 한국어로 한국 노래 검색이 가능하고, 한국어 가사 밑에 중국어가 함께 나와서 중국어 공부에 도움이 많이 된다는 점입니다. 또 다른 앱과 마찬가지로 가수나 언어별로 음악 감상이 가능하고, 상황이나 기분에 따라 음악을 들을 수도 있습니다. 만약 카페라면 选择分类 (xuǎnzé fēnlèi 분류 선택)에서 场景(chǎngjǐng 장면, 상황)을 선택한 뒤 咖啡(kāfēi 커피) 를 선택해서 음악을 재생하면 됩니다.

(1) 샤미의 메인 화면

(2) 샤미의 음악 분류

(3) 나의 소녀시대 OST
小幸运 재생 화면

제시된 단어를 활용하여 다양하게 연습해 보세요.

1. 　주어　 几点 　동사　 ?
　　　　　　 jǐ diǎn

~는 몇 시에 ~합니까?

演出	开始	공연은 몇 시에 시작합니까?
Yǎnchū	kāishǐ	
乐天世界	开门	롯데월드는 몇 시에 문을 엽니까?
Lètiān shìjiè	kāimén	
机场大巴	出发	공항버스는 몇 시에 출발합니까?
Jīchǎng dàbā	chūfā	

2. 　　　　　 , 你 　동사(술어) + 来/去(방향보어)　 。
　　　　　　　 nǐ 　　 lai/qu

~, 당신은 ~옵니다/갑니다.

听说	回来	是吗?	당신이 돌아온다고 들었는데,
Tīngshuō	huílai	shì ma	그렇습니까?
车站在对面	过去吧		정류장은 맞은편에 있습니다.
Chēzhàn zài duìmiàn	guòqu ba		건너가십시오.
领取处在二楼	上去吧		인도장은 2층에 있습니다.
Lǐngqǔchù zài èr lóu	shàngqu ba		올라가십시오.

3. | 주어 | 来/去
lái/qù | 동사 | 。

~는 ~하러 ~옵니다/갑니다.

| 你
Nǐ | 去
qù | 干什么?
gàn shénme? |

당신은 무엇을 하러 갑니까?

| 我
Wǒ | 去
qù | 旅行
lǚxíng |

저는 여행하러 갑니다.

| 我
Wǒ | 去中国
qù Zhōngguó | 见朋友
jiàn péngyou |

저는 친구 만나러 중국에 갑니다.

4. 听说 | 주어 | | 동사/형용사 | 。
Tīngshuō

듣자 하니 ~가 ~한다고 합니다.

| 你们
nǐmen | 搞活动
gǎo huódòng |

듣자 하니 당신들이 행사를 한다고 하던데요.

| 这附近
zhè fùjìn | 有网红店
yǒu wǎnghóngdiàn |

듣자 하니 이 근처에 인터넷에서 유명한 집이 있다고 하던데요.

| 今天晚上
jīntiān wǎnshang | 下雨
xiàyǔ |

듣자 하니 오늘 저녁에 비가 온다고 하던데요.

🎧 09-6

새 단어

- 演出 yǎnchū 몡 공연
- 开始 kāishǐ 통 시작하다
- 乐天世界 Lètiān shìjiè 고유 롯데월드
- 开门 kāimén 통 [이합사] 문을 열다
- 机场大巴 jīchǎng dàbā 몡 공항버스
- 出发 chūfā 통 출발하다
- 车站 chēzhàn 몡 정거장
- 领取处 lǐngqǔchù 몡 (공항) 인도장

- 干 gàn 통 하다
- 旅行 lǚxíng 몡 통 여행(하다)
- 朋友 péngyou 몡 친구
- 搞活动 gǎo huódòng 행사를 하다
- 网红店 wǎnghóngdiàn 몡 왕훙(网红, 온라인 셀럽)이 오픈한 점포나 제품이 인터넷상에서 유명해진 가게
- 今天 jīntiān 몡 오늘
- 下雨 xiàyǔ 통 비가 오다

제시된 단어를 빈칸에 넣어 상황 연습을 해 보세요.

1.

A (고객 요구사항)

① VIP카드를 만들다 : 办会员卡 bàn huìyuánkǎ

② 체크인하다 : 登记住宿 dēngjì zhùsù

③ 환불하다 : 退货 tuìhuò

④ 자리를 바꾸다 : 换位子 huàn wèizi

职员 : 您需要什么帮助？
Nín xūyào shénme bāngzhù?

顾客 : 我要_____A_____。
Wǒ yào

职员 : 好的，我马上帮您_____A_____。
Hǎo de, wǒ mǎshàng bāng nín

2.

A (관광명소)	B (주어)	C (형용사)	D (동사)
① 남산 南山 Nánshān	야경 夜景 yèjǐng	아름답다 美 měi	가서 보다 去看看 qù kànkan
② 광장시장 广场市场 Guǎngchǎng shìchǎng	마약김밥 麻药紫菜包饭 máyàozǐcài bāofàn	맛있다 好吃 hǎochī	가서 먹어 보다 去尝尝 chángchang
③ 인사동 仁寺洞 Rénsìdòng	전통공예품 传统工艺品 chuántǒng gōngyìpǐn	예쁘다 漂亮 piàoliang	가서 보다 去看看 qù kànkan

顾客 : 听说_____A_____的_____B_____挺_____C_____，是吗？
Tīngshuō de tǐng shì ma?

职员 : 对，_____A_____的_____B_____非常_____C_____，您一定要_____D_____。
Duì de fēicháng nín yídìng yào

회화 완전 정복

1. 문장을 듣고 빈칸에 들어갈 단어를 한어병음이나 한자로 써 보세요. 🎧 09-7

① 你们＿＿＿＿＿关门？ (당신들은 몇 시에 문을 닫습니까?)

② 您坐电梯＿＿＿＿＿吧。 (당신은 엘리베이터를 타고 올라가세요.)

③ ＿＿＿＿＿用这个可以领取代金券，是吗？

(이거 있으면 상품권을 받을 수 있다고 하던데, 그래요?)

2. 다음 동사보어구를 빈칸에 넣어 문장을 만들어 보세요.

上来	进来	出去	回去

① 我今天＿＿＿＿＿。　　　　　(저는 오늘 돌아갑니다.)

② 你们＿＿＿＿＿吧。　　　　　(당신들은 올라오세요.)

③ 你不能＿＿＿＿＿。　　　　　(당신은 들어올 수 없습니다.)

④ 你＿＿＿＿＿抽烟吧。　　　　(나가서 담배 피우세요.)

3. 주어진 단어들을 어순에 맞게 배열하여 한 문장으로 만들어 보세요.

① 先 / 我 / 一下 / 发票 / 确认　　(제가 우선 영수증을 좀 확인하겠습니다.)

➡ ＿＿＿＿＿＿＿＿＿＿＿＿＿＿＿＿＿＿＿＿＿＿＿＿＿

② 吧 / 的 / 领取 / 九楼 / 服务中心 / 您 / 到

(당신은 9층 고객센터로 가서 받으십시오.)

➡ ＿＿＿＿＿＿＿＿＿＿＿＿＿＿＿＿＿＿＿＿＿＿＿＿＿

③ 代金券 / 您 / 赠送 / 给 / 一万韩币 / 的

(당신에게 상품권 만 원을 드리겠습니다.)

➡ ＿＿＿＿＿＿＿＿＿＿＿＿＿＿＿＿＿＿＿＿＿＿＿＿＿

我马上给您换新商品。

Wǒ mǎshàng gěi nín huàn xīnshāngpǐn.

제가 바로 새 상품으로 바꿔 드리겠습니다.

회화를 듣고 회화 내용과 일치하면 V, 일치하지 않으면 X표시를 하세요.

1. 顾客昨天买的T恤有问题。 　　（　　　　）

2. 职员说不能给顾客换新商品。 　（　　　　）

새 단어

□ 哦 ò 값 어머(놀람을 나타냄)

□ 了 le 조 완료, 변화를 나타냄

□ 正好 zhènghǎo 부 마침, 공교롭게도

□ 事情 shìqing 명 일, 용무, 볼일

□ 记得 jìde 동 기억하고 있다

□ 天哪 tiān na 값 어머나, 맙소사!

□ 开线 kāi xiàn 동 [이합사] 실밥이 터지다

□ 怎么 zěnme 의 어째서, 왜

□ 没(有) méi(yǒu) 부 ~하지 않았다

□ 发现 fāxiàn 동 발견하다

□ 抱歉 bàoqiàn 동 [이합사] 미안하게 생각하다

□ 换 huàn 동 바꾸다

□ 问题 wèntí 명 문제

□ 好像 hǎoxiàng 마치 ~와 같다

□ 实在 shízài 부 확실히

□ 添 tiān 동 더하다

□ 麻烦 máfan 형 귀찮다 동 귀찮게 하다

职员	欢迎光临！哦！您又来了^①！
	Huānyíng guānglín! Ò! Nín yòu lái le!
顾客	你好，你好！正好^②你在！
	Nǐ hǎo, nǐ hǎo! Zhènghǎo nǐ zài!
职员	您有什么事情吗？
	Nín yǒu shénme shìqing ma?
顾客	我昨天买了这件T恤，你记得吧？你看看这儿。
	Wǒ zuótiān mǎi le zhè jiàn Txù, nǐ jìde ba? Nǐ kànkan zhèr.
职员	天哪！这儿开线了！昨天我怎么^③没发现呢？真抱歉！
	Tiān na! Zhèr kāi xiàn le! Zuótiān wǒ zěnme méi fāxiàn ne? Zhēn bàoqiàn!
	我马上给您换新商品。您在^④这儿稍等一下。
	Wǒ mǎshàng gěi nín huàn xīnshāngpǐn. Nín zài zhèr shāo děng yíxià.

职员	先生，这是新商品，您确认一下有没有问题。
	Xiānsheng, zhè shì xīnshāngpǐn, nín quèrèn yíxià yǒu méi yǒu wèntí.
顾客	这件好像^⑤没问题。
	Zhè jiàn hǎoxiàng méi wèntí.
职员	先生，实在抱歉！给您添麻烦了。
	Xiānsheng, shízài bàoqiàn! Gěn nín tiān máfan le.

생생 해석

직원	어서 오십시오! 어머! 고객님 또 오셨네요.
고객	안녕하세요. 마침 계셨네요!
직원	고객님 무슨 일 있으십니까?
고객	제가 어제 이 티셔츠 사갔는데, 기억하시죠? 여기 좀 보세요.
직원	세상에나! 여기 올이 풀렸네요. 제가 어제 왜 발견하지 못했을까요? 정말 죄송합니다. 제가 바로 새 상품으로 바꿔 드리겠습니다. 여기에서 잠깐만 기다리십시오.

직원	고객님, 이것은 새 상품입니다. 문제가 있는지 없는지 확인해 보십시오.
고객	이건 문제가 없는 것 같네요.
직원	고객님, 정말 죄송합니다. 고객님을 번거롭게 해 드렸습니다.

콕콕 설명

1 조사 了

조사 了(le)는 동사 뒤에 쓰여 동작의 완료를 나타내거나, 문장 끝에 쓰여 상황이 이미 발생했음을 나타냅니다.

형식		예문
긍정문	주어 + 동사 + 了。	我吃了。 저는 먹었습니다. Wǒ chī le.
	주어 + 동사 + 목적어 + 了。	我吃饭了。 저는 밥을 먹었습니다. Wǒ chī fàn le.
	주어 + 동사 + 了 + 수식어 + 목적어。 주어 + 동사 + 了 + 목적어, ~ 。	我吃了一碗饭。 저는 밥 한 그릇을 먹었습니다. Wǒ chī le yì wǎn fàn. 我吃了饭，就回家了。 Wǒ chī le fàn, jiù huíjiā le. 저는 밥을 먹고 바로 집에 갔습니다.
부정문	주어 + 没 + 동사 (+ 목적어)。	我没吃(饭)。 저는 (밥을) 안 먹었습니다. Wǒ méi chī (fàn).
일반의문문	주어 + 동사 (+ 목적어) + 了 + 吗？	你吃(饭)了吗？ 당신은 (밥을) 먹었습니까? Nǐ chī (fàn) le ma?
정반의문문	주어 + 동사 (+ 목적어) + 了 + 没有？	你吃(饭)了没有？ Nǐ chī (fàn) le méiyǒu? 당신은 (밥을) 먹었습니까 안 먹었습니까?

2 부사 正好

正好(zhènghǎo)는 형용사로 쓰이면 시간·위치·수량·정도 등이 '꼭 알맞다', '딱 좋다'란 뜻으로 술어가 될 수 있습니다. 부사로 쓰이면 '때마침', '공교롭게'란 뜻으로 술어 앞에 쓰입니다.

• 大小正好。 크기가 딱 좋습니다.
　Dàxiǎo zhènghǎo.

• 颜色正好。 색깔이 딱 좋습니다.
　Yánsè zhènghǎo.

• 你正好来了。 당신 마침 왔군요.
　Nǐ zhènghǎo lái le.

③ 의문사 怎么

怎么(zěnme)는 '어째서', '왜'라는 뜻으로 동작이나 상태의 원인을 묻는 의문사입니다. 원인을 묻는 의문사로 为什么(wèishénme)를 사용할 수도 있습니다.

	형식	예문
怎么	怎么 + 동사/형용사? : 어째서/왜 ~합니까?	你怎么不去? 당신은 어째서 안 갑니까? Nǐ zěnme bú qù?
为什么	为什么 + 동사/형용사? : 왜 ~합니까?	你为什么不去? 당신은 왜 안 갑니까? Nǐ wèishénme bú qù?

④ 개사 在

在(zài)는 장소 명사 앞에서 동사로 쓰이면 '~에 있다'라는 뜻이고, 개사로 쓰이면 '~에서'란 뜻이 됩니다.

의미	품사	형식	예문
在 zài	동사	주어 + 在(술어) + 장소(목적어)	你在哪儿? 당신은 어디에 있습니까? Nǐ zài nǎr? 我在免税店。 저는 면세점에 있습니다. Wǒ zài miǎnshuìdiàn.
	개사	주어 + <u>在 + 장소</u> + 술어 부사어	你在哪儿工作? 당신은 어디에서 일합니까? Nǐ zài nǎr gōngzuò? 我在免税店工作。 저는 면세점에서 일합니다. Wǒ zài miǎnshuìdiàn gōngzuò.

⑤ 부사 好像

好像(hǎoxiàng)은 추측이나 비유를 나타내며, '마치·아마 ~인 것 같다'란 뜻으로 쓰입니다.

• 好像是。 그런 것 같습니다.   • 他好像是中国人。 그는 중국인인 것 같습니다.
  Hǎoxiàng shì.   Tā hǎoxiàng shì Zhōngguórén.

| 고객 요구 및 불만 사항 |

고장났어요	_____坏了。 huài le	~이/가 고장났어요.
	拉链 lāliàn	지퍼가 고장났어요.
	电视 diànshì	텔레비전이 고장났어요.
	电梯 diàntī	엘리베이터가 고장났어요.
	空调 kōngtiáo	에어컨이 고장났어요.
잃어버렸어요	_____丢了。 diū le	~을/를 잃어버렸어요.
	钱包 qiánbāo	지갑을 잃어버렸어요.
	护照 hùzhào	여권을 잃어버렸어요.
	发票 fāpiào	영수증을 잃어버렸어요.
	房卡 fángkǎ	방 카드를 잃어버렸어요.
바꿔 주세요	请换个_____。 Qǐng huàn ge	~을/를 바꿔 주세요.
	杯子 bēizi	컵을 바꿔 주세요.
	位子 wèizi	자리를 바꿔 주세요.
	房间 fángjiān	방을 바꿔 주세요.
	床单 chuángdān	침대 시트를 바꿔 주세요.
갖다 주세요	请拿一下_____。 Qǐng ná yíxià	~을/를 좀 갖다 주세요.
	热水 rèshuǐ	뜨거운 물을 좀 갖다 주세요.
	矿泉水 kuàngquánshuǐ	생수를 좀 갖다 주세요.
	餐巾纸/卫生纸/湿巾/毛巾 cānjīnzhǐ/wèishēngzhǐ/shījīn/máojin	냅킨/화장지/물티슈/타월을 좀 갖다 주세요.
	盐/糖/醋/酱油/辣椒酱 yán/táng/cù/jiàngyóu/làjiāojiàng	소금/설탕/식초/간장/고추장을 좀 갖다 주세요.
막혔어요	_____堵了。 dǔ le	~이/가 막혔어요.
	马桶 mǎtǒng	변기가 막혔어요.
	浴缸 yùgāng	욕조가 막혔어요.
	洗脸池 xǐliǎnchí	세면대가 막혔어요.

택스리펀드 Tax Refund(退税 tuìshuì)

택스리펀드는 외국인 대상 세금 환급 제도입니다. 즉 관광객들이 해외 여행 시 부가세가 포함된 물품을 구입한 뒤, 이를 사용하지 않고 본국으로 돌아가는 경우 해당 물품의 부가세를 되돌려 주는 제도입니다. 외국인 관광객이 환급 대행업체에 세금 환급을 신청하면 대행업체가 부가세 환급을 도와주는 방식으로 이뤄집니다. 환급 대행업체들은 공항과 항만 등 출국항과 시내 가맹점, 백화점 내의 유인 환급 창구와 무인 환급 자동화 기기(키오스크)를 운영 중이고, 즉시 환불이나 온라인 환급 등 환급 수단을 다양화시키고 있습니다.

환급 대행업체마다 절차와 방식의 차이가 있습니다. 환급 대행업체 '글로벌택스프리'는 중국인 관광객의 모바일 결제 및 환급 수요 증가에 따라 2018년 모바일 택스리펀드 서비스를 출시하였습니다. 물품 구매 후 모바일 환급 신청 웹 페이지에 접속하여 환급 전표의 QR코드 또는 바코드를 모바일로 스캔하고 알리페이, 텐센트 QQ, 유니온페이, 신용카드 중 환급 수단만 선택하면 환급 신청이 완료됩니다. 이제 외국인 관광객은 공항 환급 창구, 도심 환급 창구 또는 환급 키오스크를 찾아 줄을 설 필요 없이 부가세 환급 신청이 가능하게 된 것입니다.

글로벌택스프리에서 제시한 환급 절차와 대상은 다음과 같습니다.

택스리펀드 절차		
글로벌택스프리 가맹점(사후 면세점)에서 물품 구매 후, 환급 전표를 받습니다. • 구매액 3만 원 이상인 경우 환급 가능	출국 시 세관에서 구입한 물품과 여권을 제시하고 반출 확인을 받습니다. • 유효기간 내에 환급 전표에 세관 반출 확인이 가능 • 물품 구입일로부터 3개월 이내	반출 확인이 완료된 환급 전표는 출국 공항(항만) 또는 시내 환급 데스크, 모바일 서비스를 통해 세액을 환급받을 수 있습니다.

택스리펀드 대상 고객
• 외국인(국내 체류 기간 6개월 미만) • 해외 교포(2년 이상 해외 거주자/국내 체류 기간 3개월 미만) • 대한민국 내에서 무소득

〈자료/글로벌택스프리〉

🎧 10-4

제시된 단어를 활용하여 다양하게 연습해 보세요.

1. 　주어　 　동사　 了吗?
le ma

~는 ~했습니까?

| 您
Nín | 预订
yùdìng | 당신은 예약하셨습니까? |
| 您
Nín | 选好
xuǎn hǎo | 당신은 다 고르셨습니까? |

　주어　 没 　동사　 。
méi

~는 ~하지 않았습니다.

| 我
Wǒ | 预订
yùdìng | 저는 예약하지 않았습니다. |
| 我
Wǒ | 选好
xuǎn hǎo | 저는 다 고르지 않았습니다. |

2. 　주어　 怎么 　동사/형용사　 ?
zěnme

~는 어째서 ~합니까?

你 Nǐ	不知道 bù zhīdào	당신은 어째서 모릅니까?
我 Wǒ	不能拿走 bù néng ná zǒu	저는 어째서 가져갈 수 없습니까?
房间 Fángjiān	这么脏 zhème zāng	방이 어째서 이렇게 더럽습니까?

3.
| 주어 | 好像 hǎoxiàng | 동사 | 목적어 | 。 |

~는 아마/마치 ~인/한 것 같습니다.

| 您 Nín | 没预订 méi yùdìng | 房间 fángjiān |

당신은 방을 예약하지 않은 것 같습니다.

| 这个商品 Zhè ge shāngpǐn | 卖没了 mài méi le |

이 상품은 다 팔린 것 같습니다.

| 这个 Zhè ge | 是 shì | 不一样的款式 bù yíyàng de kuǎnshì |

이것은 아마 다른 디자인인 것 같습니다.

4.
| 주어 | 在 hǎoxiàng | 장소 | 동사 | (목적어) | 。 |

~은/는 ~에서 ~합니다.

| 我 Wǒ | 哪儿 nǎr | 投诉？ tóusù |

저는 어디에서 컴플레인하면 됩니까?

| 您 Nín | 机场领取处 jīchǎng língqǔchù | 领取 língqǔ | 商品 shāngpǐn |

당신은 공항 인도장에서 상품을 수령합니다.

| 您 Nín | 客户服务室 kèhù fúwùshì | 办 bàn | 会员卡 huìyuánkǎ |

당신은 고객센터에서 회원카드를 발급받습니다.

🎧 10-5

새 단어

- 选好 xuǎn hǎo 다 고르다
- 不知道 bùzhīdào 통 모르다
- 拿走 ná zǒu 가져가다
- 房间 fángjiān 명 방
- 这么 zhème 대 이렇게

- 脏 zāng 형 더럽다
- 卖没了 mài méi le 다 팔렸다
- 一样 yíyàng 형 같다
- 机场 jīchǎng 명 공항

STEP 6 실전 상황 연습

제시된 단어를 빈칸에 넣어 상황 연습을 해 보세요.

1.

A	B
① 방을 예약하다 预订房间 yùdìng fángjiān	여권을 좀 보여 주세요. 请给我看看您的护照。 Qǐng gěi wǒ kànkan nín de hùzhào.
② 자리를 예약하다 预订位子 yùdìng wèizi	성함을 말씀해 주세요. 请您说一下您的全名。 Qǐng nín shuō yíxià nín de quánmíng.
③ 회원카드를 만들다 办会员卡 bàn huìyuánkǎ	전화번호를 입력해 주세요. 请您输入您的手机号码。 Qǐng nín shūrù nín de shǒujī hàomǎ.

职员 : 您好，您＿＿＿＿A＿＿＿＿了吗？
　　　　Nín hǎo, nín ＿＿＿＿ le ma?

顾客 : 我＿＿＿＿A＿＿＿＿了。
　　　　Wǒ ＿＿＿＿ le.

职员 : 我帮您确认一下，＿＿＿＿B＿＿＿＿。
　　　　Wǒ bāng nín quèrèn yíxià,

2.

A (고객의 문제 상황)	B (문제 해결)
① 회원카드를 잃어버렸습니다. 我丢了会员卡。 Wǒ diū le huìyuánkǎ.	다시 발급해 드리겠습니다. 补卡。 bǔkǎ.
② 컵에 금이 갔습니다. 杯子裂缝了。 Bēizi lièfèng le.	다른 것을 가져다 드리겠습니다. 拿一下别的。 ná yíxià biéde.
③ 이 바지가 좀 깁니다. 这条裤子有点儿长。 Zhè tiáo kùzi yǒudiǎnr cháng.	바지 단을 줄여 드리겠습니다. 缩短裤长。 suōduǎn kùcháng.

职员 : 您好！您有什么事情吗？
　　　　Nín hǎo! Nín yǒu shénme shìqing ma?

顾客 : ＿＿＿＿A＿＿＿＿。

职员 : 我帮您＿＿＿＿B＿＿＿＿。
　　　　Wǒ bāng nín

회화 완전 정복

1. 문장을 듣고 빈칸에 들어갈 단어를 한어병음이나 한자로 써 보세요.   🎧 10-6

① 这件_____没问题。 (이건 문제 없는 것 같네요.)

② 你_____不知道？ (당신은 어째서 모릅니까?)

③ 您_____机场领取处领取商品。 (당신은 공항 인도장에서 상품을 수령합니다.)

2. 다음 단어가 들어갈 올바른 위치를 골라 문장을 완성해 보세요.

了	不	没
le	bù	méi

① 我吃_____饭_____。 (저는 밥을 먹었습니다.)

② 我吃_____一碗_____饭_____。 (저는 밥 한 그릇을 먹었습니다.)

③ 我_____吃_____饭。 (저는 밥을 안 먹습니다.)

④ 我_____吃_____饭。 (저는 밥을 안 먹었습니다.)

3. 주어진 단어들을 어순에 맞게 배열하여 한 문장으로 만들어 보세요.

① 一下 / 在 / 您 / 稍 / 这儿 / 等   (여기에서 잠깐만 기다리십시오.)

   ➡ _____

② 没 / 昨天 / 我 / 呢 / 发现 / 怎么   (제가 어제 어째서 발견하지 못했을까요?)

   ➡ _____

③ 问题 / 您 / 一下 / 有 / 没有 / 确认   (문제가 있는지 없는지 확인해 보십시오.)

   ➡ _____

정답

중국어 발음 완전 정복

1. ① Zhōngguó ② rénmínbì
③ wǔxīnghóngqí ④ dōngnánxīběi

2. ① ☐ gē ☑ kē ② ☐ lè ☑ rè
③ ☑ jiā ☐ zā ④ ☐ yǐn ☑ yǐng
⑤ ☑ jué ☐ jié ⑥ ☑ zuò ☐ zòu

3. ① qià ② chà ③ sǎng ④ xiǎng

4. ① ia → ya ② in → yin
③ uei → wei ④ üe → yue

③ Xièxie. : 감사합니다.
④ Bù hǎoyìsi. : 미안해요. / 죄송해요.

2. ① (欢迎 huānyíng)光临!
② 谢谢(妈妈 māma)!
③ (明天 míngtiān)见!
④ (先生 xiānsheng), 不好意思!

3. 你好吗? (Nǐ hǎo ma?)   你好! (Nǐ hǎo!)
谢谢!(Xièxie!)   不客气!(Bú kèqi!)
不好意思!(Bù hǎoyìsi!)   很好.(Hěn hǎo.)
你好!(Nǐ hǎo!)   没关系!(Méi guānxi!)

4. ① 谢谢您!
② 改天见!
③ 欢迎再次光临!

회화편

第01课

쏙쏙 듣기

1. A : 您好!   不客气。
2. A : 再见!   没关系。
3. A : 谢谢!   拜拜!
4. A : 不好意思!   你好!

실전 상황 연습

1. 고객: 죄송합니다!
직원: 没关系。 괜찮습니다.
2. 고객: 감사합니다!
직원: 不客气。 별말씀을요.

1. 직원: __A__, 안녕하십니까! __B__ 에 오신 것을 환영합니다!
고객: 안녕하세요!
2. 직원: 감사합니다. __A__, __B__ 에 다시 찾아 주십시오!
고객: 감사합니다, 안녕히 계세요!

회화 완전 정복

1. ① Nín hǎo. : 안녕하십니까.
② Zàijiàn. : 안녕히 가십시오. / 안녕히 계십시오.

第02课

쏙쏙 듣기

1. 顾客需要 大衣。(b) 고객은 코트를 필요로 합니다.
2. 这边请。(a) 이쪽으로 오십시오.

실전 상황 연습

1. 직원: 당신은 무엇을 __A__ 합니까?
고객: 저는 __B__ 를 __A__ 합니다.
2. 직원: 안녕하십니까? 무엇이 필요하십니까?
고객: 저는 __A__ 를 원합니다.
직원: 이쪽입니다. 편하게 __B__ 하십시오.

회화 완전 정복

1. ① Nín xūyào shénme? : 당신은 무엇이 필요하십니까?
② Zhèbiān qǐng. : 이쪽입니다.

2. ① (请 Qǐng)坐。
② 我(不 bù)点菜。

3. 일반의문문 : 당신은 __A__ 합니까?
　　→ 긍정문 : 저는 __A__ 합니다.
　　정반의문문 : 당신은 __A__ 합니까 A하지 않습니까?
　　→ 부정문 : 저는 __A__ 하지 않습니다.
　　의문사의문문 : 당신은 무엇을 __A__ 합니까?
　　→ 긍정문 : 저는 __B__ 를 __A__ 합니다.

4. ① 您买什么?
　　② 您随便尝尝吧。
　　③ 我不去中国。

第03课

쏙쏙 듣기

1. 这件不漂亮。 (X) 　 이 옷은 예쁘지 않습니다.
2. 这不是新款。 (X) 　 이것은 신상품이 아닙니다.

실전 상황 연습

1. A : __A__ 는 __B__ 입니까?
　　B : __C__ 는 __B__ 가 아닙니다.
2. 직원 : __A__ 는 어떠십니까? __B__ __C__ 합니다!
　　고객 : 그래요?
　　직원 : 그렇습니다. 좀 __D__ 해 보십시오.

회화 완전 정복

1. ① Zhè ge zěnmeyàng? : 이것은 어떻습니까?
　　② Zhè shì xīnkuǎn ma? : 이것은 신상품입니까?

2. ① 那个 (太 tài) 贵 (了 le)。
　　② 我 (是 shì) 韩国人。
　　③ (请 Qǐng) 您等 (一下 yíxià)。

3. 일반의문문 : 이것은 __B__ 합니까?
　　→ 긍정문 : 이것은 __A__ __B__ 합니다.
　　정반의문문 : 이것은 __B__ 합니까 __B__ 하지 않습니까?
　　→ 부정문 : 이것은 __B__ 하지 않습니다.

4. ① 这是新款吗?
　　② 这个牌子怎么样?
　　③ 请您试一下。

第04课

쏙쏙 듣기

1. 顾客穿小号的。(X) 　 고객은 S사이즈를 입습니다.
2. 这儿有试衣间。(∨) 　 여기에는 피팅룸이 있습니다.

실전 상황 연습

고객: 这件太大了，有中号的吗?
　　 이건 너무 크네요. M사이즈 있습니까?
직원: 这是中号的，给您小号的。/
　　 现在没有中号的。
　　 이게 M사이즈입니다. S사이즈 드릴게요 /
　　 지금 M사이즈가 없습니다.

1. 고객: 안녕하세요. __A__ 있습니까?
　　직원: __B__ .
2. 고객: 여기에 __A__ 있습니까?
　　직원: 있습니다.
　　고객: __A__ 는 어디에 있습니까?
　　직원: __A__ 는 __B__ 에 있습니다.

회화 완전 정복

1. ① Nín chuān duō dà hào de?
　　 : 당신은 어떤 사이즈를 입으십니까?
　　② Shìyījiān zài nǎr? : 피팅룸은 어디에 있습니까?

2. ① 这(是 shì)中号(的 de)。
　　② 洗手间在(哪儿 nǎr)?

3. 일반의문문 : 여기에 __A__ 있습니까?
　　→ 긍정문 : 여기에 __A__ 있습니다.
　　정반의문문 : 여기에 __A__ 있습니까 없습니까?
　　→ 부정문 : 여기에 __A__ 없습니다.
　　의문사의문문 : __A__ 는 어디에 있습니까?
　　→ 긍정문 : __A__ 는 __B__ 에 있습니다.

정답 　 151

본문 정답

4. ① 客户服务室在八楼。
② 有大号的吗？
③ 你穿多大号的？

③ 给我看一下黑色的大衣。

第05课

1. 今年流行深蓝色。　　　　(×)
올해는 남색이 유행입니다.

2. 黑色非常适合顾客。　　　(∨)
검은색은 고객에게 굉장히 잘 어울립니다.

실전 상황 연습

직원: 고객님은 무슨 색깔을 좋아하십니까？
고객: 저는 　A　 를 좋아합니다.
직원: 이것은 　A　 인데, 입어 보십시오.
고객: 　A　 는 저에게 별로 잘 어울리지 않는데, 다른 색깔 있습니까？
직원: 　B　 .

고객: 　A　 있습니까？　　　직원: 　B　 .

회화 완전 정복

1. ① Nín xǐhuan shénme yánsè?
: 당신은 무슨 색깔을 좋아하십니까?
② Yǒu biéde yánsè ma? : 다른 색깔 있습니까?

2. ① 这是(什么 shénme)菜？
② 这是(谁 shéi)的护照？
③ 我要很大(的 de)河景房。

3. ① 나의 코트　　　→ 我的大衣
② 내가 산 코트　　→ 我买的大衣
③ 아주 예쁜 코트　→ 很好看的大衣
④ 내 것　　　　　→ 我的
⑤ 내가 산 것　　　→ 我买的

4. ① 我要新出的手机。
② 酒红色不太适合我。

第06课

쏙쏙 듣기

1. 顾客要买基本款T恤。　(∨)
고객은 기본적인 티셔츠를 사려고 합니다.

2. 顾客一共买两件大衣。　(×)
고객은 모두 합해서 코트 두 벌을 삽니다.

실전 상황 연습

1. 직원: 안녕하십니까! 어서 오십시오! 무엇을 주문하시겠습니까?
고객: 　A　 주세요.
직원: 더 필요하신 거 있으십니까?
고객: 　B　 도 원합니다.

2. 고객: 오늘은 몇 월 며칠입니까?
직원: 오늘은 　A　 입니다. 오늘은 　B　 이죠?
고객: 맞아요, 오늘은 　B　 입니다.

회화 완전 정복

1. ① Nín hái yào biéde ma?
: 당신은 다른 것이 더 필요하십니까?
② Yào zuì jīběn de kuǎnshì.
: 가장 기본적인 스타일을 원합니다.

2. ① (一共 yígòng)两件，对(吗 ma)？
② 您要一件黑色(的 de)大衣(和 hé)
一件蓝色(的 de)T恤。

3. ① 향수 두 병　　　 : (两瓶 liǎng píng)香水
② 치마 한 벌　　　 : (一条 yì tiáo)裙子
③ 커피 세 잔　　　 : (三杯 sān bēi)咖啡
④ 신발 다섯 켤레　 : (五双 wǔ shuāng)鞋

4. ① 您要几碗米饭？
② 我要点清淡的菜。
③ 我还要一瓶香水。

第07课

1. 现在打八折。 (∨)
지금 20% 세일합니다.

2. 买十万以上送代金券。 (×)
10만 원 이상 구입하면 상품권을 증정합니다.

1. 고객: 이 종류의 __A__ 는 __B__ 에 얼마입니까?

직원: __C__ 입니다.

고객: 세일합니까?

직원: 지금 __D__ 입니다.

2. 직원: 죄송합니다만, 여기에서는 __A__ 할 수 없습니다.

고객: __A__ 할 수 없다고요? 아, 알겠습니다.

1. ① 这种化妆品(多少钱 duōshao qián)?

② 还是(有点儿贵 yǒudiǎnr guì),

便宜(一点儿 yìdiǎnr)吧。

③ 对不起,(不能 bù néng)再便宜。

2. ① 这个咖啡一杯五千六百韩币。

买一杯,赠一杯。

Zhè ge kāfēi yì bēi wǔqiān liùbǎi hánbì.

Mǎi yì bēi zèng yì bēi.

가격: 5600원 혜택: 한 잔 사면, 한 잔 증정

② 这瓶香水六十八美金。现在买,送小样。

Zhè píng xiāngshuǐ liùshíbā měijīn.

Xiànzài mǎi, sòng xiǎoyàng.

가격: 68달러 혜택: 샘플 증정

③ 这种紫菜两千七百韩币。买十包,送一包。

Zhè zhǒng zǐcài liǎngqiān qībǎi hánbì.

Mǎi shí bāo, sòng yì bāo.

가격: 2700원 혜택: 열 봉지 사면, 한 봉지 증정

④ 这种腕表一千九百二十美金。有会员卡,
打九五折。

Zhè zhǒng wànbiǎo yìqiān jiǔbǎi èrshí měijīn.

Yǒu huìyuánkǎ, dǎ jiǔwǔ zhé.

가격: 1920달러 혜택: 회원카드 있으면, 5% 할인

3. ① 门票一张多少钱?

② 我们送一张一万韩币的代金券。

③ 您有会员卡,可以再打九五折。

第08课

1. 这里不能使用银联卡。 (×)
여기서는 은련카드를 사용할 수 없습니다.

2. 顾客使用微信支付。 (×)
고객은 위챗페이를 사용합니다.

1. 직원: 당신은 __A__ 를 원하십니까 아니면 __B__ 를
원하십니까?

고객: __A__ 를 원합니다. / __B__ 를 원합니다.

2. 고객: 저 좀 도와서 __A__ 해 주시겠습니까?

직원: __B__ .

1. ① Yòng xiànjīn háishi xìnyòngkǎ?

: 현금을 사용하시겠습니까 아니면 신용카드를 사용하시겠습니까?

② Wǒ mǎshàng bāng nín bāo yíxià shāngpǐn.

: 제가 바로 당신을 도와서 상품을 포장해 드리겠습니다.

2. ① 您(怎么 zěnme)结账?

② (可以用 Kěyǐ yòng)银联卡吗?

③ 您使用银联卡
(立减百分之五 lìjiǎn bǎifēnzhī wǔ)。

3. ① 这个怎么卖?

② 你要什么?

③ 你要几个?

④ 你要多少?

4. ① 我们马上就处理。

② 我帮您保管行李。

③ 我们这儿不能使用微信支付。

본문 정답

第09课

1. 顾客到九楼的服务中心领取代金券。 (V)

고객은 9층의 고객센터에 가서 상품권을 받습니다.

2. 顾客到服务中心先要取号。 (V)

고객은 고객센터에 가서 먼저 번호표를 뽑아야 합니다.

실전 상황 연습

1. 직원: 무엇을 도와 드릴까요?

고객: 저는 ＿A＿ 를 원합니다.

직원: 좋습니다. 제가 바로 ＿A＿ 해 드리겠습니다.

2. 고객: 듣자 하니 ＿A＿ 의 ＿B＿ 는 꽤 ＿C＿ 하다고 하던데, 그렇습니까?

직원: 맞습니다. ＿A＿ 의 ＿B＿ 는 굉장히 ＿C＿ 합니다.

꼭 ＿D＿ 해 보십시오.

회화 완전 정복

1. ① 你们(几点 jǐ diǎn)关门?

② 您坐电梯(上去 shàngqu)吧。

③ (听说 Tīngshuō)用这个可以领取代金券，是吗?

2. ① 我今天回去。

② 你们上来吧。

③ 你不能进来。

④ 你出去抽烟吧。

3. ① 我先确认一下发票。

② 您到九楼的服务中心领取吧。

③ 赠送给您一万韩币的代金券。

第10课

쑥쑥 듣기

1. 顾客昨天买的T恤有问题。 (V)

고객이 어제 산 티셔츠는 문제가 있습니다.

2. 职员说不能给顾客换新商品。 (X)

직원은 고객에게 새 상품으로 교환해 줄 수 없다고 말합니다.

실전 상황 연습

1. 직원: 안녕하십니까, 고객님 ＿A＿ 하셨습니까?

고객: 저는 ＿A＿ 했습니다.

직원: 제가 확인해 드리겠습니다. ＿B＿ 해 주십시오.

2. 직원: 안녕하십니까! 무슨 일이십니까?

고객: ＿A＿ 합니다.

직원: 제가 ＿B＿ 해 드리겠습니다.

회화 완전 정복

1. ① 这件(好像 hǎoxiàng)没问题。

② 你(怎么 zěnme)不知道?

③ 您(在 zài)机场领取处领取商品。

2. ① 我吃饭了。

② 我吃了一碗饭。

③ 我不吃饭。

④ 我没吃饭。

3. ① 您在这儿稍等一下。

② 我昨天怎么没发现呢?

③ 您确认一下有没有问题。

부록

판매·서비스 필수 180문장

1과 | 인사 및 일상용어 🎧 180-01

1. 안녕하십니까!

你好! / 您好!
Nǐ hǎo!　Nín hǎo!

2. 어서 오십시오!

欢迎光临!
Huānyíng guānglín!

3. 안녕하셨어요? → 아주 좋습니다!

你好吗? → 很好。
Nǐ hǎo ma?　Hěn hǎo.

4. 안녕히 가십시오! (안녕히 계십시오!) / 살펴 가십시오!

再见! / 慢走!
Zài jiàn!　Màn zǒu!

5. 또 오십시오!

欢迎再次光临! / 欢迎下次光临!
Huānyíng zàicì guānglín!　Huānyíng xiàcì guānglín!

---

12. 실례하겠습니다.

麻烦您。 / 打扰一下。
Máfan nín.　Dǎrǎo yíxià.

13. 그렇습니까? → 네. ↔ 아니오.

是吗? → 是。 ↔ 不是。
Shì ma?　Shì.　Bú shì.

14. 맞습니까? → 맞습니다. ↔ 틀립니다.

对吗? → 对。 / 没错。 ↔ 不对。
Duì ma?　Duì.　Méi cuò.　Bú duì.

15. 모릅니다. / 확실하지 않습니다.

不知道。 / 不太清楚。
Bù zhīdào.　Bútài qīngchu.

16. 못 알아듣겠습니다.

听不懂。
Tīng bu dǒng.

17. 천천히 말씀해 주십시오.

请慢点儿说。
Qǐng màn diǎnr shuō.

2과 | 안내 🎧 180-02

21. 들어오십시오! / 들어오셔서 보십시오.

请进! / 请进来看看。
Qǐng jìn.　Qǐng jìnlai kànkan.

22. 몇 분이십니까? → 두 명입니다.

请问，您几位? → 两位。
Qǐng wèn, nín jǐ wèi?　Liǎng wèi.

23. 예약하셨습니까? → 예약했습니다. ↔ 안 했습니다.

您预订了吗? → 预订了。 ↔ 没有。
Nín yùdìng le ma?　Yùdìng le.　Méiyǒu.

24. 성함을 말씀해 주시겠습니까?

您能告诉我您的全名吗?
Nín néng gàosu wǒ nín de quánmíng ma?

25. 여권 좀 보여 주십시오.

请出示一下您的护照。
Qǐng chūshì yíxià nín de hùzhào.

2과 안내

31. 앉으십시오. / 이쪽에 앉으십시오.

请坐 。 / 请到这边坐
Qǐng zuò.　Qǐng dào zhèbiān zuò

32. 무엇을 원하십니까? / 무엇이 필요하십니까?

您想要什么? / 您需要什么?
Nín xiǎng yào shénme?　Nín xūyào shénme?

33. 도와 드릴까요?

您需要帮忙吗?
Nín xūyào bāngmáng ma?

34. 도움이 필요하시면 말씀해 주십시오.

您需要帮忙，请跟我说一下。
Nín xūyào bāngmáng, qǐng gēn wǒ shuō yíxià.

35. 편하게 보십시오. / 편하게 입어(신어/착용해) 보십시오.

请随便看看。 / 请随便试试。
Qǐng suíbiàn kànkan.　Qǐng suíbiàn shìshi.

36. 천천히 보십시오. / 천천히 고르십시오.

请慢慢儿看。 / 请慢慢挑选。
Qǐng mànmānr kàn.　Qǐng mànmānr tiāoxuǎn.

18. 다시 한 번 말씀해 주십시오.

请再说一遍。

Qǐng zài shuō yí biàn.

19. 제 중국어가 서투르니, 중국어가 가능한 직원을 불러오겠습니다.

我的汉语不太好，

Wǒ de Hànyǔ bútài hǎo,

我叫会说汉语的(职员)来。

wǒ jiào huì shuō Hànyǔ de (zhíyuán) lái.

20. 잠시만 기다리세요.

请等一下。 / 请稍等。

Qǐng děng yíxià.　　　Qǐng shāo děng.

6. 즐거운 여행 되십시오!

祝您旅途愉快！

Zhù nín lǚtú yúkuài!

7. 즐거운 쇼핑 되십시오!

祝您购物愉快！

Zhù nín gòuwù yúkuài!

8. 감사합니다! / 찾아 주셔서 감사합니다!

谢谢您！ / 谢谢您(的)光顾！

Xièxie nín!　　　Xièxie nín (de) guānggù!

9. 별말씀을요.

不客气！ / 别客气！ / 不谢！ / 不用谢！

Bú kèqi!　　Bié kèqi!　　Bú xiè!　　Búyòng xiè!

10. 죄송합니다.

对不起。 / 真抱歉。 / 不好意思。

Duìbuqǐ.　　　Zhēn bàoqiàn.　　　Bù hǎoyìsi.

11. 괜찮습니다.

没关系。 / 没事儿。 / 不要紧。

Méi guānxi.　　　Méi shìr.　　　Búyàojǐn.

37. 이쪽은 신상품입니다. / 저쪽은 이월 상품입니다.

这边是新款。 / 那边是过季款。

Zhèbiān shì xīnkuǎn.　　　Nàbiān shì guòjìkuǎn.

38. 이것이 인기 상품입니다.

这是人气商品。

Zhè shì rénqì shāngpǐn.

39. 이것이 저희 집 간판 메뉴입니다. /
이것이 시그니처 메뉴입니다.

这是我家的招牌菜。 /

Zhè shì wǒ jiā de zhāopáicài.

这是我家的主打菜品。

Zhè shì wǒ jiā de zhǔdǎ càipǐn.

40. 지금 세일 중입니다. / 지금 행사 중입니다.

现在打折。 / 现在搞活动。

Xiànzài dǎzhé.　　　Xiànzài gǎo huódòng.

26. 금연석을 원하십니까 흡연석을 원하십니까? /
금연룸을 원하십니까 흡연룸을 원하십니까?

您要禁烟席还是吸烟席？ /

Nín yào jìnyānxí háishi xīyānxí?

您要禁烟房还是吸烟房？

Nín yào jìnyānfáng háishi xīyānfáng?

27. 지금은 빈자리가 없습니다. / 지금은 빈방이 없습니다.

现在没有空位子。 / 现在没有空房。

Xiànzài méiyǒu kōng wèizi.　　　Xiànzài méiyǒu kōngfáng.

28. 이쪽입니다. / 이쪽으로 오십시오.

这边请。 / 请到这边来。

Zhèbiān qǐng.　　　Qǐng dào zhèbiān lái.

29. 저를 따라오십시오.

请跟我来。

Qǐng gēn wǒ lái.

30. 이 자리 어떠십니까?

这个座位怎么样？

Zhè ge zuòwèi zěnmeyàng?

3과 | 제안 🎧 180-03

41. 이것은 어떻습니까?

这个怎么样？

Zhè ge zěnmeyàng?

42. 어떤 스타일을 좋아하십니까?

您喜欢什么样的款式？

Nín xǐhuan shénmeyàng de kuǎnshì?

43. 어떤 음식을 좋아하십니까?

您喜欢什么菜？

Nín xǐhuan shénme cài?

44. 뭐 꺼리는 음식이나 재료 있으십니까?

您有什么忌讳吃的吗？

Nín yǒu shénme jìhuì chī de ma?

45. 입어 보십시오. / 드셔 보십시오.

请您试一下。 / 请您品尝一下。

Qǐng nín shì yíxià.　　Qǐng nín pǐncháng yíxià.

---

52. 이것이 지금 가장 유행입니다. / 이것이 지금 가장 인기 있습니다.

这个现在最流行。 / 这个现在最有人气。

Zhè ge xiànzài zuì liúxíng.　　Zhè ge xiànzài zuì yǒu rénqì.

53. 이것이 가장 잘 나갑니다. / 이것이 가장 잘 팔립니다.

这个最畅销。 / 这个卖得最好。

Zhè ge zuì chàngxiāo.　　Zhè ge mài de zuì hǎo.

54. 날씬해 보이세요. / 젊어 보이세요. / 귀여워 보이세요.

看起来很苗条。 Kànqilai hěn miáotiao. /
看起来很年轻。 Kànqilai hěn niánqing. /
看起来很可爱。 Kànqilai hěn kě'ài.

55. 이것이 가장 잘 어울리십니다.

这个最适合您。

Zhè ge zuì shìhé nín.

56. 이것은 굉장히 유명한 브랜드입니다.

这是非常有名的牌子。

Zhè shì fēicháng yǒumíng de páizi.

4과 | 사이즈 말하기 🎧 180-04

61. 사이즈가 어떻게 되십니까? / 어떤 사이즈를 원하십니까?

您穿多大号的？ / 您要多大号的？

Nín chuān duō dà hào de?　　Nín yào duō dà hào de?

62. (음료) 어떤 사이즈를 원하십니까?

您要多大杯？

Nín yào duō dà bēi?

63. 허리 사이즈가 어떻게 되십니까?

您腰围多大？ / 您腰围多少？

Nín yāowéi duō dà?　　Nín yāowéi duōshao?

64. 신발 사이즈가 어떻게 되십니까?

您穿多大号的鞋？

Nín chuān duō dà hào de xié?

65. 이것이 중간 사이즈입니다.

这是中号的。

Zhè shì zhōnghào de.

---

72. 한 치수 작은 거 입어 보십시오.

试一下小一号的。

Shì yíxià xiǎo yí hào de.

73. S사이즈는 이거 한 장 남았습니다.

这是最后一件小号的。

Zhè shì zuìhòu yí jiàn xiǎohào de.

74. S사이즈는 다 팔렸습니다. / 지금 S사이즈가 없습니다.

小号的都卖完了。 / 现在没有小号的。

Xiǎohào de dōu mài wán le.　　Xiànzài méiyǒu xiǎohào de.

75. 바지 단을 줄일 필요가 없으십니다.

这裤子不用改了。

Zhè kùzi búyòng gǎi le.

76. 다른 사이즈는 창고 안에 있습니다.

别的尺寸在仓库里。

Biéde chǐcun zài cāngkùli.

77. 입다 보면(신다 보면) 좀 늘어납니다.

穿穿就好了。

Chuānchuan jiù hǎo le.

57. 특별히 찾으시는 제품이 있으십니까?

您有什么特意要买的产品吗？

Nín yǒu shénme tèyì yàomǎi de chǎnpǐn ma？

58. 어느 분이 사용하실 건가요?

哪位用？

Nǎ wèi yòng？

59. 직접 사용하실 겁니까 선물하실 겁니까?

您自己用还是送人？

Nín zìjǐ yòng háishi sòng rén？

60. 이것은 선물용으로 좋습니다.

这个送礼很好。

Zhè ge sònglǐ hěn hǎo.

46. 입어 보셔도 됩니다.

您可以试试。

Nín kěyǐ shìshi.

47. 거울에 비춰 보세요.

请您照一下镜子。

Qǐng nín zhào yíxià jìngzi.

48. 정말 예쁘시네요!(여성 고객에게) / 정말 멋지네요!(남성 고객에게)

挺漂亮的！ / 挺帅的！

Tǐng piàoliang de!　　Tǐng shuài de!

49. 진짜 맛있습니다.

真的很好吃。

Zhēn de hěn hǎochī.

50. 이것은 아주 편합니다. (옷이나 신발)

这个挺舒服的。

Zhè ge tǐng shūfu de.

51. 쓰기 편합니다. / 편리합니다. / 이것은 사용하시기에 아주 편합니다.

很好用。/很方便。/这个使用挺方便的。

Hěn hǎoyòng.　　Hěn fāngbiàn.　　Zhè ge shǐyòng tǐng fāngbiàn de.

5과 ｜ 색깔 말하기　　180-05

78. 당신은 무슨 색을 좋아하십니까?

您喜欢什么颜色？

Nín xǐhuan shénme yánsè？

79. 이것은 검은색입니다. (검은색의 ~입니다)

这是黑色的。

Zhè shì hēisè de.

80. 검은색, 회색, 남색도 있습니다.

还有黑色，灰色和深蓝色。

Hái yǒu hēisè, huīsè hé shēnlánsè.

81. 여러 가지 색깔이 있습니다.

有各种颜色。

Yǒu gèzhǒng yánsè.

82. 바르면 색깔이 진하지 않습니다.

涂起来颜色不太浓。

Túqilai yánsè bútài nóng.

66. 작은 사이즈도 있습니다.

也有小号的。

Yě yǒu xiǎohào de.

67. 저희 옷이 좀 크게 나왔습니다. / 좀 작게 나왔습니다.

我们的衣服偏大。 / 偏小。

Wǒmen de yīfu piāndà.　　Piānxiǎo.

68. 맞으십니까? → 딱 맞습니다. / 별로 잘 안 맞습니다.

合适吗？ → 正合适。 / 不太合适。

Héshì ma?　　Zhèng héshì.　　Bútài héshì.

69. 약간 큽니다. / 약간 깁니다.

有点儿大。 / 有点儿长。

Yǒudiǎnr dà.　　Yǒudiǎnr cháng.

70. 한 사이즈 큰 걸로 드릴까요?

您要大一号的吗？

Nín yào dà yí hào de ma？

71. 한 치수 작은 거 드리겠습니다.

给您换个小一号的。

Gěi nín huàn ge xiǎo yí hào de.

83. 이 색깔이 좀 더 진합니다.

这个颜色更深一点儿。

Zhè ge yánsè gèng shēn yìdiǎnr.

这个颜色更浓一点儿。

Zhè ge yánsè gèng nóng yìdiǎnr.

84. 색깔 지속력이 뛰어납니다.

颜色持久性很强。

Yánsè chíjiǔxìng hěn qiáng.

85. 쉽게 변색되지 않습니다.

不容易退色。

Bù róngyì tuìsè.

86. 다른 색깔은 없습니다. / 이 색깔밖에 없습니다.

没有别的颜色。 / 只有这种颜色。

Méiyǒu biéde yánsè.　　　Zhǐ yǒu zhè zhǒng yánsè.

87. 다른 색깔을 보여 드리겠습니다.

给您看别的颜色。

Gěi nín kàn biéde yánsè.

92. 이 색깔은 고급스럽습니다.

这种颜色很高雅。

Zhè zhǒng yánsè hěn gāoyǎ.

93. 이 색깔은 독특합니다.

这种颜色很特别。

Zhè zhǒng yánsè hěn tèbié.

94. 이 색깔을 입으니 젊어(어려) 보이십니다.

您穿这个颜色，显得很年轻(小)。

Nín chuān zhè ge yánsè, xiǎnde hěn niánqīng(xiǎo).

95. 이 색깔은 다른 색깔이랑 매치해서 입기 쉽습니다.

这种颜色跟别的颜色很百搭。

Zhè zhǒng yánsè gēn biéde yánsè hěn bǎidā.

96. 이 색깔은 기본 색깔입니다.

这是基本色。

Zhè shì jīběnsè.

103. 색깔별로 한 벌씩 드릴까요?

每种颜色各来一件吗？

Měi zhǒng yánsè gè lái yí jiàn ma?

104. 딱 한 개 남았습니다.

只剩一个了。 / 这是最后一个了。

Zhǐ shèng yí ge le.　　　Zhè shì zuìhòu yí ge le.

105. 두 개가 한 세트입니다.

这两个是一套的。 / 两个一套。

Zhè liǎng ge shì yí tào de.　　　Liǎng ge yí tào.

106. 한 개면 되시겠어요?

一个就行吗？　Yí ge jiù xíng ma?

107. 2인분이면 충분하십니까?

两份就够吗？

Liǎng fèn jiù gòu ma?

108. 한 개(그릇·병·잔) 더 드릴까요?

再来一个(碗·瓶·杯)吗？

Zài lái yí ge(wǎn · píng · bēi) ma?

7과 ｜ 가격 　180-07

115. 한 개(1인분·1박)에 얼마입니까?

多少钱一个(一份 · 一晚)？

Duōshao qián yí ge(yí fèn · yì wǎn)?

116. 이것은 세일 상품입니다. / 이것은 세일 상품이 아닙니다.

这是打折商品。 / 这不是打折商品。

Zhè shì dǎzhé shāngpǐn.　　　Zhè bú shì dǎzhé shāngpǐn.

117. 지금 할인 행사 중입니다.

现在搞优惠活动。 / 现在搞促销活动。

Xiànzài gǎo yōuhuì huódòng.　　　Xiànzài gǎo cùxiāo huódòng.

118. 저희 매장(가게)은 할인을 하지 않습니다.

我们卖场(店)不参加优惠活动。

Wǒmen màichǎng(diàn) bù cānjiā yōuhuì huódòng.

119. 저희는 정찰제입니다.

我们这儿是不讲价的。

Wǒmen zhèr shì bù jiǎngjià de.

6과 | 수량

🎧 180-06

97. 몇 벌을 구매하시겠습니까?

您要购买几件？

Nín yào gòumǎi jǐ jiàn?

98. 몇 인분(그릇·병·잔)을 원하십니까?

您要几份(碗·瓶·杯)？

Nín yào jǐ fèn(wǎn · píng · bēi)?

99. 1인분 드릴까요?

您要一份吗？ Nín yào yí fèn ma?

100. 1인분에 5개입니다.

一份五个。 Yí fèn wǔ ge.

101. 모두 두 벌 맞으십니까?

一共两件，对吗？ Yígòng liǎng jiàn, duì ma?

102. 종류별로 한 개씩 드릴까요?

您要一样一个吗？

Nín yào yíyàng yí ge ma?

---

88. 다른 색으로 입어 보시겠어요?

还要试穿别的颜色吗？

Hái yào shìchuān biéde yánsè ma?

89. 올해 검은색이 유행입니다.

今年流行黑色。

Jīnnián liúxíng hēisè.

90. 이 색깔이 가장 잘 어울리십니다.

这种颜色最适合您。

Zhè zhǒng yánsè zuì shìhé nín.

这种颜色最配您。

Zhè zhǒng yánsè zuì pèi nín.

91. 이 색깔이 가장 잘 나갑니다.(잘 팔립니다.)

这种颜色最受欢迎。

Zhè zhǒng yánsè zuì shòu huānyíng.

这种颜色卖得最好。

Zhè zhǒng yánsè mài de zuì hǎo.

---

120. 저희 브랜드는 NO세일 브랜드입니다.

我们的品牌从来不打折。

Wǒmen de pǐnpái cónglái bù dǎzhé.

121. 쌉니다. / 안 비쌉니다. / 전혀 비싸지 않습니다.

很便宜。 / 不贵。 / 一点儿也不贵。

Hěn piányi.　　Bú guì.　　Yìdiǎnr yě bú guì.

122. 다른 곳보다 쌉니다. / 백화점보다 30% 저렴합니다.

比别的地方便宜。 /

Bǐ biéde dìfang piányi.

比百货店便宜百分之三十。

Bǐ bǎihuòdiàn piányi bǎnfēnzhī sānshí.

123. 저희(가게)가 제일 쌉니다.

我们这儿最便宜。

Wǒmen zhèr zuì piányi.

124. 사신다면 싸게 드릴게요.

您要买的话，我就给您便宜点儿。

Nín yào mǎi de huà, wǒ jiù gěi nín piányi diǎnr.

---

109. 한 개 사시면 한 개 더 드립니다.

买一送一。 Mǎi yī sòng yī.

110. 적어도 두 개 이상은 사셔야 합니다.

最少要买两个以上。

Zuìshǎo yài mǎi liǎng ge yǐshàng.

111. 적어도 2인분 이상은 주문하셔야 합니다.

最少要点两份以上。

Zuìshǎo yài diǎn liǎng fèn yǐshàng.

112. 열 개씩 포장되어 있습니다.

十个一箱。 (큰 박스)

Shí ge yì xiāng.

十个一盒。 (작은 박스)

Shí ge yì hé.

113. 한 봉지는 500그램입니다.

一包五百克。 Yì bāo wǔbǎi kè.

114. 30㎖ 한 병 드릴까요?

您要三十毫升的吗？

Nín yào sānshí háoshēng de ma?

125. 많이 사시면 더 깎아 드릴게요.

多买更便宜。
Duō mǎi gèng piányi.

多买的话，给您便宜点儿。
Duō mǎi de huà gěi nín piányi diǎnr.

126. 가격 한번 알아보세요.

过来了解一下价格。
Guòlai liǎojiě yíxià jiàgé.

127. 원하시는 가격을 말씀해 주세요.

您说多少钱。 / 您给一个价儿。
Nín shuō duōshao qián.　　Nín gěi yí ge jiàr.

128. 손해 보고 파는 거예요.

这么卖，我们亏本了。
Zhème mài, wǒmen kuīběn le.

129. 충분히(이미) 싸게 드린 거예요.

已经够便宜了。
Yǐjing gòu piányi le.

---

133. 계산은 어떻게 하시겠습니까?

您要怎么结账？ / 您要怎么支付？
Nín yào zěnme jiézhàng?　　Nín yào zěnme zhīfù?

134. 계산은 선불입니다. / 계산은 다 드신 후에 하시면 됩니다.

您得用餐之前付款。/
Nín děi yòngcān zhīqián fùkuǎn.

您可以用餐之后付款。
Nín kěyǐ yòngcān zhīhòu fùkuǎn.

135. 현금으로 하시겠습니까, 아니면 카드로 하시겠습니까?

用现金还是信用卡？
Yòng xiànjīn háishi xìnyòngkǎ?

付现金还是刷卡？
Fù xiànjīn háishi shuā kǎ?

136. 죄송하지만, 인민폐는 받지 않습니다, 달러나 한국 돈만 받습니다.

对不起，我们不收人民币，只收美元和韩币。
Duìbuqǐ, wǒmen bù shōu rénmínbì, zhǐ shōu měiyuán hé hánbì.

---

142. 금액을 확인해 주십시오.

请您确认一下价钱。
Qǐng nín quèrèn yíxià jiàqian.

143. 이 카드는 사용할 수 없습니다. 다른 카드 부탁드립니다.

这张卡不能用。请换一张卡。
Zhè zhāng kǎ bù néng yòng. Qǐng huàn yì zhāng kǎ.

144. 비밀번호를 눌러 주십시오.

请输入密码。
Qǐng shūrù mìmǎ.

145. 싸인 부탁드립니다.

请您签字。
Qǐng nín qiānzì.

146. 카드(잔돈)와 영수증을 받아 주십시오.

请您拿好您的卡(零钱)和收据。
Qǐng nín ná hǎo nín de kǎ (língqián) hé shōujù.

147. 쇼핑백(비닐봉투)이 필요하십니까?

您要袋子(塑料袋儿)吗？
Nín yào dàizi(sùliàodàir) ma?

---

153. 무엇을 도와 드릴까요?

请问，您需要什么帮助？
Qǐng wèn, nín xūyào shénme bāngzhù?

154. 고객님, 먼저 번호표를 뽑아 주십시오.

顾客，您先取号等一下吧。
Gùkè, nín xiān qǔhào děng yíxià ba.

155. 여권(영수증)을 좀 확인하겠습니다. / 여권(영수증)을 좀 보여 주십시오.

我确认一下护照(发票)。/
Wǒ quèrèn yíxià hùzhào(fāpiào).

请让我看一下护照(发票)。
Qǐng ràng wǒ kàn yíxià hùzhào(fāpiào).

156. 회원카드(마일리지 카드) 있으십니까?

您有会员卡(积分卡)吗？
Nín yǒu huìyuánkǎ(jīfēnkǎ) ma?

137. 달러로 하시겠습니까 한국 돈으로 하시겠습니까?

用美元还是韩币?

Yòng měiyuán háishi hánbì?

138. 위챗페이로 지불하시겠습니까? / 알리페이로 지불하시겠습니까?

您要用微信支付吗? /

Nín yào yòng wēixìn zhīfù ma?

您要用支付宝支付吗?

Nín yào yòng zhīfùbǎo zhīfù ma?

139. 저희 매장(가게)에서는 위챗페이(알리페이)를 이용하실 수 없습니다.

我们卖场(店)不能用微信支付(支付宝支付)。

Wǒmen màichǎng(diàn) bù néng yòng wēixìn zhīfù(zhīfùbǎo zhīfù).

140. QR코드를 대 주십시오.

请扫一下二维码。

Qǐng sǎo yíxià èrwéimǎ.

141. 보증금을 지불하셔야 합니다.

您要支付押金。

Nín yào zhīfù yājīn.

130. 두 개 이상 사시면 15% 할인해 드립니다.

买两个以上打八五折。

Mǎi liǎng ge yǐshàng dǎ bāwǔ zhé.

131. VIP카드(회원카드)가 있으시면, 5% 추가 할인해 드립니다.

有贵宾卡(会员卡)的话,

Yǒu guìbīnkǎ(huìyuánkǎ)de huà,

可以再打九五折。

kěyǐ zài dǎ jiǔwǔ zhé.

132. 지금 상품권 증정 행사를 하고 있습니다.
    20만 원 이상 구매하시면 만 원짜리 상품권을 드립니다.

现在搞活动,

Xiànzài gǎo huódòng,

买二十万以上送一张一万韩元的礼券。

mǎi èrshíwàn yǐshàng sòng yì zhāng yíwàn hányuán de lǐquàn.

157. 회원카드(마일리지 카드)를 만들어 드릴까요?

我帮您办一张会员卡(积分卡)吗?

Wǒ bāng nín bàn yì zhāng huìyuánkǎ(jīfēnkǎ) ma?

158. 회원카드가 있으시면 5% 할인이 되고, 5% 마일리지가 적립됩니다.

有会员卡, 打九五折, 可以积五分。

Yǒu huìyuánkǎ, dǎ jiǔwǔ zhé, kěyǐ jī wǔ fēn.

159. 이것은 저희 백화점 위챗 공공계정입니다.

这是我们百货店的微信公众平台。

Zhè shì wǒmen bǎihuòdiàn de wēixìn gōngzhòng píngtái.

160. 저희 백화점 위챗 공공계정을 추가하시면, 사은품을 증정해 드립니다.

您加我们的微信公众平台,

Nín jiā wǒmen de wēixìn gōngzhòng píngtái,

我们就赠送给您礼品。

wǒmen jiù zèngsòng gěi nín lǐpǐn.

161. 백화점 위챗 공공계정에 다양한 정보와 할인 쿠폰도 있습니다.

微信公众平台上有各种各样的信息和优惠券。

Wēixìn gōngzhòng píngtái shang yǒu gèzhǒng gèyàng de xìnxī hé yōuhuìquàn.

148. 쇼핑백(비닐봉투)은 100원입니다. 여기에 넣어 주십시오.

袋子(塑料袋儿) 一个100韩币。

Dàizi(sùliàodàir) yí ge yìbǎi hánbì.

请您把钱放到这里。

Qǐng nín bǎ qián fàng dào zhèli.

149. 여기 있습니다.

给您。

Gěi nín.

150. 포장 도와 드리겠습니다.

我帮您包一下。

Wǒ bāng nín bāo yíxià.

151. 따로 담아 드릴까요?

您要分开装吗?

Nín yào fēnkāi zhuāng ma?

152. 포장해 가시겠습니까?

您要打包吗?

Nín yào dǎbāo ma?

162. 방 번호가 어떻게 되십니까?

房间号是多少？

Fángjiān hào shì duōshao?

163. 바로 가져다 드리겠습니다.

我马上给您拿去。

Wǒ mǎshàng gěi nín ná qu.

164. 바로 처리해 드리겠습니다.

我马上帮您处理。

Wǒ mǎshàng bāng nín chǔlǐ.

165. 바로 치워(정리해·수리해) 드리겠습니다.

我马上帮您收拾(整理·修理)。

Wǒ mǎshàng bāng nín shōushi(zhěnglǐ · xiūlǐ).

166. 불편을 드려 정말 죄송합니다.

真抱歉，给您添麻烦了。

Zhēn bàoqiàn, gěi nín tiān máfan le.

给您带来了不便。

Gěi nín dàilai le búbiàn.

171. 수입한 면세품은 공항에서 받으셔야 합니다.

外国品牌的免税品必须在机场领取。

Wàiguó pǐnpái de miǎnshuìpǐn bìxū zài jīchǎng lǐngqǔ.

172. 환율 차이가 있을 수 있습니다.

汇率可能会有些差异。

Huìlǜ kěnéng huì yǒu xiē chāyì.

173. 영수증이 없으시면 교환이나 환불이 불가능합니다.

您没有发票不能更换或退款。

Nín méiyǒu fāpiào bù néng gēnghuàn huò tuìkuǎn.

174. 제가 다른 자리(방)로 바꿔 드리겠습니다.

我马上给您换位子(房间)。

Wǒ mǎshàng gěi nín huàn wèizi(fángjiān).

175. 음식을 다시 만들어 드리겠습니다.

我们重新为您做菜。

Wǒmen chóngxīn wèi nín zuòcài.

176. 음료는 반입하실 수 없습니다.

不能把饮料带进来。

Bù néng bǎ yǐnliào dài jìnlai.

177. 이곳은 금연입니다.

这儿不能抽烟。

Zhèr bù néng chōuyān.

178. 줄을 서 주십시오.

请排队。

Qǐng páiduì.

179. 여행 트렁크(카트)는 매장 밖에 보관해 주십시오.

请把旅行箱(手推车)放在卖场外边。

Qǐng bǎ lǚxíngxiāng(shǒutuīchē) fàng zài màichǎng wàibian.

180. 카트(바구니)를 이용해 주시기 바랍니다.

请您使用手推车(篮子)。

Qǐng nín shǐyòng shǒutuīchē(lánzi).

167. 제가 바로 새 상품으로 바꿔 드리겠습니다.

我马上给您换新商品。

Wǒ mǎshàng gěi nín huàn xīnshāngpǐn.

168. 개봉하신 상품(사용하신 상품)은 교환이나 환불이 안 됩니다.

打开的商品(已用过的商品)不能更换或退款。

Dǎkāi de shāngpǐn(yǐ yòng guo de shāngpǐn) bù néng gēnghuàn huò tuìkuǎn.

169. 교환이나 환불은 구매 후 일주일 내에 가능합니다.

您在购买后一周内可以更换或退款。

Nín zài gòumǎi hòu yì zhōu nèi kěyǐ gēnghuàn huò tuìkuǎn.

170. 면세점에서 구입하신 물건은 교환해 드릴 수 없습니다.

在免税店购买的商品不能更换。

Zài miǎnshuìdiàn gòumǎi de shāngpǐn bù néng gēnghuàn.